絲綢之路經濟帶，歐亞融合與俄羅斯復興

王家豪 著
羅金義

推薦序

　　2013年9月，中國國家主席習近平到訪哈薩克，提出共同建設「絲綢之路經濟帶」倡議。倡議提出後，在國際學術論壇間引發高度重視，香江長期以來處於中西文化交流匯合場域，也是當前中美爭霸前沿陣地，學術界對此倡議關注自然不落人後。由香港教育大學羅金義教授及王家豪先生合撰的《絲綢之路經濟帶，歐亞融合與俄羅斯復興》，就基於上述的背景，從國際政治學的視野，試圖論述中國推動「絲綢之路經濟帶」與俄羅斯之間的博弈關係。

　　「絲綢之路經濟帶」簡稱「一帶」，是從中國大陸出發，沿著路上絲綢之路以歐洲為終點：一是經中亞、俄羅斯到達歐洲；二是新疆經巴基斯坦到印度洋、中亞與西亞到達波斯灣和地中海沿岸各國。「一帶」作為中國通往歐洲的中繼站，連接亞太地區與歐洲，中間經過的15個中亞地區國家，俱為前蘇聯的加盟共和國，即使在蘇聯解體之後，俄羅斯仍視其為傳統的勢力範圍。

　　明顯地，中國試圖透過與「絲綢之路經濟帶」沿線國家發展新的經濟合作夥伴關係，加強沿路的基礎建設，消化中國過剩的產能與勞動力、保障中國的能源與糧食供給，並帶動大西部地區的開發。中國也清楚「絲綢之路經濟帶」沿

線的前蘇聯加盟共和國，仍與俄羅斯有著千絲萬縷的政經文化關係，再加上這些地區局勢動盪多變，要有效加強彼此合作夥伴關係，往往必須藉由「分而治之」策略，為個別雙邊談判創造有利條件。至於從俄羅斯立場觀之，由於「絲綢之路經濟帶」沿線地區恰恰是俄羅斯為重拾昔日榮光，戮力重塑「歐亞」融合的場域，自然對於中國推動「絲綢之路經濟帶」倡議背後隱藏對中亞國家的政治經濟滲透，有所忌憚不願樂見其成，因此對於參與「絲綢之路經濟帶」往往口惠而實不至，諸多合作項目完工似乎遙遙無期。同時，俄羅斯也鼓動中亞五國的「恐中症」、東歐國家的能源資源、南高加索三國的「凍結衝突」，都對中國推動「絲綢之路經濟帶」帶來諸多挑戰。

在《絲綢之路經濟帶，歐亞融合與俄羅斯復興》一書中，二位作者羅金義教授及王家豪先生就清楚洞見了，當前中國與俄羅斯之間，在「絲綢之路經濟帶」推動過程中，面臨的先天結構性矛盾，以及可預期的未來衝突。該書指出，基於當前有關「絲綢之路經濟帶」、俄羅斯和歐亞融合的學術文獻不少，例如俄羅斯遠東研究所曾對「絲綢之路經濟帶」進行利弊分析，解釋何為「一帶一路」及其對俄羅斯利益的影響（Petrovsky et al., 2016）。中國學者亦撰書討論「一帶一路」與歐亞盟的實際銜接過程（李興，2018）。為此，羅金義教授及王家豪先生則在書中另闢蹊徑，試圖將「絲綢之路經濟帶」、俄羅斯和歐亞融合三者的關係結合分析，以事態探討的進路（Issue inquiry approach）入手，梳理

俄羅斯的外交政策，再引伸它對「絲綢之路經濟帶」的深廣
影響。

　　金義教授早年供職香港城市大學時，某次在金門大學學
術研討會與我初識，一見如故相談甚歡，之後時相過從以文
論交，幾次謬承盛情邀稿，拙作得以刊載於香港學術專書。
期間，金義教授轉任香港教育大學社會科學系，並身兼大中
華研究中心聯席總監，立足香江關懷寰宇，近年來更主編
《東亞焦點叢書》等多本專書，對區域國際政治經濟文化著
力極深，收穫豐碩。

　　邇來香江風波不斷，社會民心動盪不安，然金義教授潛
隱校園，自律嚴謹筆耕不輟。近日聽聞金義教授述及《絲綢
之路經濟帶，歐亞融合與俄羅斯復興》一書即將在臺付梓，
相信對臺灣讀者是一大佳音。金義教授並囑余作序，謬承邀
約盍興乎至，乃援筆略述如上。是為序。

　　　　　　南華大學社會科學院院長　　張裕亮　敬書

目次

第一章
導論

　　中國國家主席習近平上任後首次外訪選擇到俄羅斯，在莫斯科國立國際關係學院闡述「中國夢」。半年後，習近平在前蘇聯國家哈薩克提出「絲綢之路經濟帶」倡議，勾畫出中國的歐亞融合大計。這些外訪安排絕非偶然，而是突顯俄羅斯與歐亞融合對「絲綢之路經濟帶」的發展息息相關。

　　作為中國通往歐洲的中轉站，俄羅斯主宰「絲綢之路經濟帶」的命脈。中國將俄羅斯及15個前蘇聯國家（或稱「加盟共和國」）列為「一帶一路」沿線國家。在六大經濟走廊中，包含3項連接中國與歐洲的建設，它們全都牽涉俄羅斯或前蘇聯國家。「新亞歐大陸橋」和「中蒙俄經濟走廊」途經俄羅斯，而「中國－中亞－西亞經濟走廊」則連接中亞國家，甚至能延伸至東歐和南高加索國家。這些國家屬於俄羅斯的勢力範圍，部分已加入其牽頭成立的歐亞經濟聯盟。中國智囊曾提醒，俄羅斯抱有大國心態，懷疑「絲綢之路經濟帶」倡議是覬覦其勢力範圍，對中國推廣「一帶一路」構成政治風險（王義桅，2015）。作為地區安全的主要提供者，俄羅斯對「絲綢之路經濟帶」的安全風險扮演關鍵角色。若然俄羅斯拒絕參與，甚或影響前蘇聯國家杯葛不予合作，倡

議將難以實現。

不過，即使中國取得俄羅斯首肯，絕不代表「絲綢之路經濟帶」暢行無阻。姑勿論俄羅斯是否全心支持「絲綢之路經濟帶」，但莫斯科未能完全控制前蘇聯國家，使中國仍然要面對各種挑戰。蘇聯解體後，15個加盟共和國獨立成為主權國家，取得不同程度的外交自主，不再直接聽命於莫斯科；同時亦面對外憂內患，如地緣政治衝突、顏色革命、經濟滯後等。多年來俄羅斯推動歐亞融合，如獨聯體、關稅同盟、歐亞盟，但始終未能重拾昔日影響力。俄羅斯主導的歐亞融合成效不彰，對「絲綢之路經濟帶」有利有弊。前蘇聯地區局勢動盪多變，不利經濟發展和成為交通運輸樞紐。不過，中國容易將前蘇聯國家「分而治之」，為談判創造有利條件。當然，中方需要仔細研究各國家的政經特徵，以及它們與俄羅斯之間的微妙關係，避免誤觸莫斯科的「紅線」。

「歐亞」（Eurasia）概念擁有多種定義，必須逐個釐清，為全書定調。「歐亞」既是文化概念，緣於20世紀初，提倡俄羅斯非歐非亞，要走獨特的發展路線。「歐亞」也是地緣政治理念，即位於世界的「心臟地帶」（Pivot area），蘊藏豐富天然資源，有條件自給自足（Mackinder, 1904）。「歐亞」亦是政治實踐，體驗在俄羅斯總統普丁兼顧歐亞的「雙頭鷹」外交，保持東西方外交平衡。在學術界中，「歐亞」是政治正確的產物，摒棄具濃厚意識形態色彩的「前蘇聯」。簡言之，「歐亞」泛指俄羅斯與前蘇聯國家，也等同「小歐亞」（Small Eurasia）和「中央歐亞」（Central

Eurasia）等術語。「大歐亞」（Greater Eurasia）則是克里姆林宮智囊提出的地緣政治戰略，以「非西方」國家為主的共同經濟及安全空間（Karaganov, 2018）。

　　歐亞融合、「大歐亞」戰略、「非西方」全球治理模式，正體現俄羅斯的大國復興夢。冷戰結束後，俄羅斯被當成輸家、受西方列強欺凌，國民生活水準急劇下降。普丁曾揚言，俄羅斯永遠都是大國，矢志在全球秩序中尋回適切位置。「歐亞」重塑俄羅斯獨特的國家認同，以地區融合鞏固其勢力範圍，將其他大國拒之於門外。「大歐亞」擴張俄羅斯的地緣政治影響力，讓它與美國和中國平起平坐，並輸出「非西方」全球治理模式，在重大國際議題保持話語權。

　　俄羅斯的復興，對中國的發展和「絲綢之路經濟帶」是否利多於弊？「大歐亞」以俄羅斯和中國為核心，兩國在軍事和經濟領域上的分工產生協同效應，對中國推廣「絲綢之路經濟帶」是否有莫大裨益？俄羅斯的全球博弈策略，旨在扭轉西方主導的自由秩序，是否為中國進軍國際打開缺口？俄羅斯提倡的全球治理模式，為西方價值找尋替代品，是否正好與「中國模式」百花齊放？抑或，「大歐亞」戰略是對「一帶一路」的軟制衡，隱含了普丁對中國崛起的顧忌？

　　有關「絲綢之路經濟帶」、俄羅斯和歐亞融合的學術文獻不少，但將三者的關係結合分析，卻是嶄新的嘗試。俄羅斯遠東研究所曾對「絲綢之路經濟帶」進行利弊分析，解釋何為「一帶一路」及其對俄羅斯利益的影響（Petrovsky et al., 2016）。中國學者亦撰書討論「一帶一路」與歐亞盟的

實際銜接過程（李興，2018）。本書則以事態探討的進路（Issue inquiry approach）入手，梳理俄羅斯的外交政策，再引申它對「絲綢之路經濟帶」的深遠影響。

　　本書分為5個部分：第二章考察歐亞國家如何應對中國「絲綢之路經濟帶」倡議。第三章〈歐亞融合〉剖析俄羅斯與白羅斯、烏克蘭、喬治亞、哈薩克、波羅的海三國的雙邊關係，解讀中國將面對的機遇與挑戰。第四章〈大歐亞想像〉探討俄羅斯現時重亞輕歐的地緣戰略，以及它以中國為重心的亞太政策。第五章〈大國博弈〉討論俄羅斯在重大國際議題的角色，是否有助中國改變全球權力平衡。第六章〈「非西方」全球治理〉展示俄羅斯模式和中國模式求同存異的可能性。

俄羅斯地圖

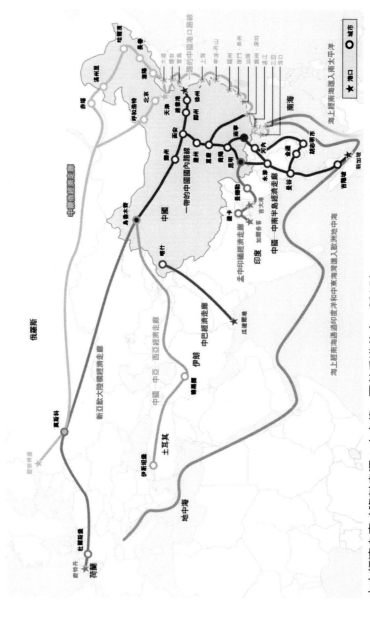

六大經濟走廊（資料來源：水志偉，團結香港基金，2015）

第二章
「絲綢之路經濟帶」
與俄羅斯及前蘇聯國家

　　「絲綢之路經濟帶」成敗與否，俄羅斯和前蘇聯國家舉足輕重。作為參與「絲綢之路經濟帶」的唯一大國，俄國豈會對毗鄰大國的大戰略毫無顧慮？莫斯科如何改變初衷去應對「絲綢之路經濟帶」，不察不能了解中國倡議的前景。「絲綢之路經濟帶」和歐亞經濟聯盟分別為習近平和普丁的標誌性政策，兩者結合為「一帶一盟」，互贈高帽，看似情投意合。但觀乎兩者截然不同的融合思維和組織框架，加上各種執行和技術難題，官方美言是否言過其實？

　　俄國視中亞、東歐、南高加索國家為其勢力範圍，克里姆林宮如何看待這些歐亞小國與「絲綢之路經濟帶」互動，深受北京關注。中亞五國渴望改善基建，加強與其他世界經濟體的聯繫，跟「絲綢之路經濟帶」的目標契合。然而，中亞國家人民不乏「恐中」情緒，有否被俄國利用？加上區內充斥各種潛在的非傳統安全威脅，勢將阻撓中國推動「絲綢之路經濟帶」嗎？

　　東歐國家烏克蘭和白羅斯如果成為「絲綢之路經濟帶」的中轉站，或能獲得與歐盟和俄國博弈的籌碼。不過，烏克

蘭飽受地緣政治不穩定因素衝擊，投資風險倍增；白羅斯或有潛質成為中歐互動的樞紐，但疲弱的經濟和工業發展策略又會否拖拉中國的後腿？南高加索三國匯聚歐亞主要的運輸走廊，如「跨裏海國際運輸路線」和「國際南北運輸走廊」，「絲綢之路經濟帶」沿經南高加索，或許有助中國繞過俄國，也約束區內的美俄地緣政治博弈？

一、俄羅斯態度多變的背後

作為中國的戰略合作夥伴，俄羅斯成為「絲綢之路經濟帶」的重量級支持者，看似理所當然嗎？根據《一帶一路沿線國家五通指數報告》，俄國、新加坡和馬來西亞位列首三位（北京大學，2016）。不少國際輿論傳說普丁與習近平私交甚篤，兩人共同許下「一帶一盟」、「大歐亞夥伴關係」和「冰上絲綢之路」等堂皇的政治承諾。不過，原來俄國最初視「絲綢之路經濟帶」為威脅，及後轉變立場支持中國倡議，卻逐漸對習近平的宏圖大計感到失望。究竟莫斯科對「絲綢之路經濟帶」有什麼顧慮？為何後來會改變立場，又如何應對中國的倡議？

1.「亦將有利吾國乎？」

歐亞經濟聯盟與「絲綢之路經濟帶」屬於競爭還是合作關係，至今仍然眾說紛紜。俄國與中國都熱衷於歐亞融合，但對歐亞的未來秩序和地緣政治格局各有盤算。普丁於

2011年倡議建立歐亞盟，鞏固俄國在前蘇聯地區的影響力，也確立歐亞主義在俄國外交政策上的重要性。2013年9月，習近平於哈薩克首次提出「絲綢之路經濟帶」，通過六大經濟走廊將整片歐亞大陸接連起來。俄國素來視中亞地區為自身的勢力範圍，自然對「絲綢之路經濟帶」存有戒心。不少分析估計，俄國與中國將爭奪歐亞融合的主導權，說不定會引起軒然大波。美國普林斯頓大學教授羅茲曼認為，歐亞盟與「絲綢之路經濟帶」各自蘊含「俄羅斯中心主義」（Russocentrism）和「中國中心主義」（Sinocentrism），最終必定釀成衝突（Rozman, 2014）。值得一提的是，烏克蘭危機爆發的遠因正是歐亞盟和歐盟的「東部夥伴關係計畫」互相排斥。俄國對自身勢力範圍有多在乎，可想而知。

莫斯科認為「絲綢之路經濟帶」或將削減西伯利亞鐵路的競爭力，對俄國的地緣政治產生深遠影響。19世紀末期，時任沙俄政府財長維特（Sergey Witte）提議興建西伯利亞鐵路，連接聖彼得堡與蘊藏豐富天然資源的西伯利亞，重塑遠東的地緣政治格局。沙俄將戰略重心擴展至東方，對日本的領土擴張構成威脅，最終導致1904年日俄戰爭。在新亞歐大陸橋出現之前，西伯利亞鐵路曾經是唯一橫跨歐亞大陸的鐵路。作為六大經濟走廊之一，新亞歐大陸橋連接中國連雲港與荷蘭鹿特丹，會取代西伯利亞鐵路嗎？有趣的是，「絲綢之路經濟帶」的其他經濟走廊，例如中巴經濟走廊和中國－中亞－西亞經濟走廊，都繞過俄國領土。隨著西伯利亞鐵路被邊緣化，俄國遠東地區的經濟發展會否面臨嚴重挑

戰，阻礙普丁推動遠東開發戰略？

　　另一種疑慮是「絲綢之路經濟帶」對俄國經濟貢獻有限，也不符合其長遠發展方向。西伯利亞鐵路能貫穿東西，但俄國仍然欠缺基礎建設連通南北（Bordachev, 2015）。「絲綢之路經濟帶」倡議的經濟走廊全都以連接東西方為主，與西伯利亞鐵路的功能重疊。俄國銳意進軍南方新興經濟體，爭取連接亞塞拜然、伊朗和印度的「國際南北運輸走廊」，最合適不過。「國際南北運輸走廊」繞過蘇伊士運河，大幅減少運輸距離和成本，也讓俄國將影響力擴張至南亞和東南亞地區（Goble, 2019）。「國際南北運輸走廊」磋商了20年之久，皆因工程牽涉眾多國家，經濟回報成疑，但近年談判漸見成果。另外，俄國尋求經濟轉型，減少依賴能源出口，但參與「絲綢之路經濟帶」不算是對症下藥。觀乎中國在前蘇聯地區的投資，82%外國直接投資流入哈薩克；俄國佔13%，當中絕大部分牽涉石油與天然氣項目（Vinokurov, et al., 2017）。俄國預計，「絲綢之路經濟帶」旨在開發原材料，無助推動俄國工業升級轉型。

2.為勢所迫還是借力打力？

　　普丁於2014年5月前往上海進行國事訪問，首次表態支持「絲綢之路經濟帶」，其時正值烏克蘭危機。翌年俄中簽署聯合聲明，宣布歐亞盟將與「絲綢之路經濟帶」對接成「一帶一盟」。克里姆林宮對中國倡議的立場出現重大轉變，原因何在？

中國向俄方釋出善意，並在各方面做出讓步，似乎是最體面的說法。「一帶一盟」構思體現雙方的妥協：中方承認歐亞盟的地位，視它為對等談判對象，減少與歐亞盟成員國的雙邊互動；俄方則接納中國為歐亞融合的持份者。年前歐亞盟與中國簽訂經貿合作協定，雙方談判代表正是歐亞經濟委員會和中國商務部。俄國輿論隨即附和克里姆林宮的立場，盛讚「絲綢之路經濟帶」的基建項目互補性強、中國於上海合作組織和金磚五國（BRICS）踐行多邊主義等等。不過，俄國學者認為「絲綢之路經濟帶」終會影響俄國在歐亞的地位，必須深化和加強歐亞盟的內部合作──雖然，實踐起來又談何容易呢（Timofeev, Lissovolik & Filippova, 2017）？

　　普丁支持「絲綢之路經濟帶」，也是展現俄國務實外交的一面，恰如英諺所云：「打不過就加入他們」（If you can't beat them, join them）？今天俄國的經濟實力難與中國匹敵，周旋空間不大，兩國合作可能較互相競爭有利，普丁支持「絲綢之路經濟帶」正要避免中國繞過俄國，甚或將俄國經濟邊緣化（Larin, 2016）。於是，中國承諾「絲綢之路經濟帶」與西伯利亞鐵路接軌，又協助俄國擴建貝阿鐵路，提升鐵路運輸效率。不過，中歐班列只途經俄國中部和西部，「絲綢之路經濟帶」對俄國遠東地區開發的打擊，始終是未能釋除的威脅。

　　縱使莫斯科多番否認，但中外學者普遍認為烏克蘭危機及隨之而來的西方制裁才是俄國轉變態度的根本原因。俄國

於危機後面臨國際孤立，急於尋求新戰略夥伴，因而高度重視俄中戰略夥伴關係。這種理解或許能夠說明俄方另一種沮喪的情緒：為什麼在談判時中方依然「務實地」計較自身的實際利益，並未如俄國商人預期般對他們賞以優待，甚至有「趁火打劫」之嫌？

俄國學者的觀點不一樣，認為烏克蘭危機只是普丁「轉軌」的催化劑，加快俄國與中國提升戰略關係，其實兩國早已於烏克蘭危機之前建立了合作基礎（Lukin, 2018; Gabuev, 2016）。相關討論延伸下去，引發更多戰略探索的迷思：究竟俄國向東轉、俄中加強合作是權宜之計嗎？抑或俄國的大戰略真的有變？

3.以「大歐亞」反制衡

2016年普丁在聖彼得堡國際經濟論壇上提出「大歐亞夥伴關係」，似乎充滿地緣政治考量和象徵意義。「大歐亞」頓時成為俄國外交大戰略，但中方對之評價毀譽參半。

「大歐亞」是克里姆林宮前外交顧問卡拉加諾夫提出的大戰略，建基於俄國戰略重心「東轉」、中國「西進」和「一帶一盟」等政局發展，也回應西方對俄實施經濟制裁（Karaganov, 2018）。它以非西方組織和國家主導，包括歐亞盟、上海合作組織、東協成員國，以及土耳其、伊朗和以色列等等，同時提倡建立共同經濟和安全空間，與「跨太平洋夥伴協定」代表的西方歐美勢力分庭抗禮。卡拉加諾夫預示國際局勢將重回兩極體系，由「大歐亞」和太平洋兩大陣

營互相抗衡。

「大歐亞」對俄國甚具象徵意義，因為俄國是「大歐亞」的核心，提倡歐亞盟與「邊陲」的中國和歐盟連接合作（Valdai Club, 2015）。換言之，俄國重拾地緣政治的主導角色，塑造成左右歐洲和亞洲發展的獨立大國，緩和俄中關係的失衡狀況。俄國不再單純是「一帶一路」的參與者，也搖身一變成為歐亞融合的倡導者；俄國鼓勵印度和土耳其等地區大國參與「大歐亞」，實踐多極世界觀，企圖減輕俄中關係的不對等。

由於「大歐亞」某程度上是衝著中國而來，所以中方反應參差。中國官方顧及俄國對地位不對等的憂慮，多次簽署聯合聲明表態支持「大歐亞」，同時也對其強烈地緣政治色彩保持警惕，由商務部與俄國發表聯合聲明，名為〈歐亞經濟夥伴關係〉，強調合作的經濟性質。另一方面，鑑於地理覆蓋範圍相近，不少中國學者狠批它是「一帶一路」的「山寨版」，不過是增添了政治和安全等議題，因而預示「大歐亞」前景暗淡，將不如以經濟為主的「一帶一路」受沿線國家歡迎（Wong, 2018）。

4.看清「一帶一路」的虛實？

對於「絲綢之路經濟帶」，俄國經歷過質疑、鼓舞、失望等態度轉變，後來推出的甚或被視為「反制」措施，多少惹來中國學者批評，也不見得有強大的國際支持。近幾年間，俄國菁英和學者對「一帶一路」開始有另一種理解，更

強烈地懷疑它的風險較成果來得「實在」。莫斯科對「一帶一路」的支持變得愈來愈陳腔濫調，往往是雷聲大雨點小；兩國元首政治承諾名目繁多，但實際進展乏善可陳。倘若俄國與歐洲關係復修，莫斯科與「一帶一路」會不會漸行漸遠？

二、「一帶一盟」：務實還是務虛？

俄羅斯與中國於2015年簽署聯合聲明，宣布歐亞經濟聯盟將與「絲綢之路經濟帶」對接成「一帶一盟」。歐亞盟和「絲綢之路經濟帶」分別是普丁和習近平的個人政治工程，兩者是在同中存異、異中求同嗎？由於「一帶一盟」是由上而下的政治決定，俄、中官僚和學者嘗試研究合作和執行細節，但至今似乎還是一籌莫展。歐亞經濟委員會於2017年列出39個與「一帶一路」合作的重點項目，主要包括「西歐－中國西部」國際公路（雙西公路）和「莫斯科－喀山」高鐵。我們不妨跟進這些基建項目的實質進展，窺探一下「一帶一盟」究竟是務實還是純屬口惠？

1.融合計畫異中存同？

「一帶一盟」追求歐亞融合，視中亞國家為重要合作夥伴。哈薩克首任總統納札爾巴耶夫（Nursultan Nazarbayev）是歐亞盟的倡議者，而「絲綢之路經濟帶」的北線和中線將途經中亞地區。「一帶一盟」經常強調經濟合作，但同時肩

負著地緣政治和文明的任務。歐亞盟在關稅同盟的基礎上成立，旨在建立單一市場，促進商品、服務、資本和勞工的自由流動。未來歐亞盟或將成為多極世界的其中一極，擁有連接歐洲與亞洲的使命。至於「絲綢之路經濟帶」強調互利共贏原則，推動基礎建設和沿線國家經濟發展。背負習近平的「中國夢」，聲稱是標誌著中華民族擺脫百年屈辱，踏上復興之路。

　　「一帶一盟」二者其實採取截然不同的思維來推動歐亞融合和擴張影響力。歐亞盟是俄國劃定的勢力範圍，藉以突顯其大國地位；「絲綢之路經濟帶」看重實質經濟效益，繼而將利益轉化為影響力（Kaczmarski, 2017）。前者為傳統區域主義，強調某地域空間的整合，將區域外國家拒之門外；後者為新區域主義，側重功能性（如共同經濟利益）多於地域性。由此，歐亞盟傾向排他性和封閉性，而「絲綢之路經濟帶」較具兼容性和開放性。對俄國而言，成立歐亞盟已滿足其鞏固勢力範圍的目的；對中國來說，「絲綢之路經濟帶」是振興經濟和提升國際影響力的手段。

　　「一帶一盟」存在制度化差異，兩者的組織架構和決策體系大相逕庭。歐亞盟是超國家（supranational）組織，以歐盟的制度為藍本，擁有多層次的治理體系，包括歐亞理事會、歐亞委員會、歐亞法院等重要機構，只是沒有歐洲議會的立法機構。然而，歐亞盟的制度化其實虛有其表，因為各成員國元首保留決策的最終否決權。與金磚五國相似，「絲綢之路經濟帶」的合作機制鬆散，缺乏正式的組織機構，只

召開過兩次峰會（「一帶一路」國際合作高峰論壇）。中國建立亞洲基礎設施投資銀行（AIIB）作為融資平台，但它與「絲綢之路經濟帶」並不存在從屬關係。中國政府成立「一帶一路」建設工作領導小組，亦旨在改善內部協調。對北京而言，推動「絲綢之路經濟帶」制度化似乎不切實際，反倒損害其靈活、務實的合作模式（Kaczmarski, 2016）。

　　「一帶一盟」的組織結構也是大不相同，歐亞盟採用層級制，而「絲綢之路經濟帶」則傾向扁平化。俄國國內生產總值佔歐亞盟總量的87%，因而主導整個組織的決策權和話語權。儘管《歐亞經濟聯盟條約》列明各成員國的權力平等，但實際上俄國顯然比其他歐亞盟國家「更平等」。年前俄國單方面宣布歐亞盟將採取反制裁措施，對歐盟食品實施禁運以回應西方國家制裁，引起白羅斯和哈薩克不滿。「一帶一盟」方案也是俄、中兩國說了算，事後再交由歐亞理事會表決。「絲綢之路經濟帶」是由林林總總的基建和經貿項目組成的緊密網絡，除了倚靠中國和其他沿線國家的雙邊合作外，也涉及企業等其他層次的參與。即使中國資金主宰「絲綢之路經濟帶」，但基建項目幅員甚廣，也牽涉好些主權問題，北京仍然依賴沿線國家的支持。

2.對接方式貌合神離

　　對於「一帶一盟」合作機制應遵照雙邊還是多邊主義，俄中雙方有不同偏好。俄方經常強調「一帶一盟」，正要中方承認歐亞盟的地位，視它為對等談判對象，確立歐亞

盟－中國（「5+1」）合作框架。中國與歐亞盟進行雙邊談判前，則慣常與俄國進行預先磋商（Pieper, 2018）。然而，俄國先斬後奏的單邊行徑招致歐亞盟成員國不滿，於是它們會維持與中國的雙邊互動，例如中國大舉投資白羅斯的格羅德諾州自貿區（Grodnoinvest），成立中國－白羅斯巨石工業園；中遠海運集團於2017年收購哈薩克的霍爾果斯（Khorgas）東門無水港的49%股權。事實上，歐亞盟與中國的合作鮮有採用「5+1」合作框架，俄方對此甚為不滿（Larin, 2016）。

中、俄雙方也建議利用上海合作組織來構建「一帶一盟」合作平台，但一直只聞樓梯響。近年上合組織擴員，吸納印度及巴基斯坦加入，並籌建上合組織開發銀行和加強能源合作。這些轉變如何影響上合組織的發展，仍是未知之數，但要再肩負「一帶一盟」的對接重任，恐怕是百上加斤了。

3.「一帶一盟」成效不彰？

隨著俄國於2019年底動工興建「子午線高速公路」（Meridian Highway），從中國上海到德國漢堡、長約8千公里的「雙西公路」漸露曙光。「子午線高速公路」全長逾2千公里，將俄國與哈薩克和白羅斯連接起來，是「雙西公路」的最後一塊拼圖。項目發起人為俄羅斯天然氣工業股份公司（以下簡稱Gazprom）前副主席梁贊諾夫（Alexander Ryazanov），將以公私合營模式進行，預料涉及中資企業參

與，需時12至14年建成。項目竣工後，「雙西公路」有望將中歐之間的運輸時間縮短為11天，較西伯利亞鐵路（15天）和蘇伊士運河（30-50天）快捷。俄中分析中心主任薩納科耶夫（Sergei Sanakoyev）認為，「子午線高速公路」符合經濟效益，為俄國創造更多就業機會及過境收入（*Moscow Times*, 2019）。而它故意繞過烏國領土，也突顯俄國在地緣政治上邊緣化烏克蘭的意圖。

不過，鐵路建設就未如理想了。由於俄中鐵路採用不同軌度距離，「一帶一盟」面臨「一鐵兩軌」的技術難題，至今雙方仍未有滿意的解決方案（Sangar, 2017）。與歐洲國家相同，中國鐵路採用1,435毫米的國際標準軌距，而俄國及前蘇聯國家則採用1,520毫米的寬軌。中歐班列運行途中需要換軌最少兩次，例如在哈薩克的霍爾果斯和波蘭的馬拉舍維奇換軌，耗時數小時，大大削減運輸效率。中方遊說中亞國家改用國際軌距未見成效，皆因俄國基於軍事和戰略考慮，極力反對。

莫斯科－喀山高鐵是「一帶一盟」的旗艦項目，但工程多次遭到延期，甚至有可能擱置。俄國早於2009年提出這項目，建成後穿梭兩地的行車時間將可由14小時縮短至3.5小時。俄、中兩國的終極目標為全長約7千公里的莫斯科－北京高鐵，使兩地旅程從6天縮減至48小時。莫斯科－喀山高鐵原定2018年底動工，但克宮發言人佩斯科夫（Dmitry Peskov）於2019年春重申，普丁尚在審視其經濟效益，暫時未有定案。由於項目的盈利能力成疑，加上近年俄國經濟

欠佳，克宮遂遲遲未將之落實。俄羅斯鐵路公司預算，每年使用莫斯科－喀山高鐵的人次將於2030年攀升至1千萬，較現時多8倍，但被質疑誇大載客量。喀山貴為俄國「第三首都」，也是韃靼斯坦共和國的首府，但其本地生產總值為8,015億盧布，僅佔全國的1%。高鐵建造所費不菲，票價不低，未必能吸引一般老百姓選乘，須承受載客量過低的風險（Railway Technology, 2018）。另一方面，這項目造價由2013年的1兆盧布飆升至2018年的1兆7千億盧布，成本上漲全由俄國政府承擔。據報中國計畫提供4千億盧布貸款，期限20年，但俄國對中資保持警惕，避免陷入債務陷阱。俄央行近年銳意減低外債規模，目前錄得10年來新低，也遠低於其他發達國家；這做法有助降低金融危機造成的衝擊，也確保外交不會受制於人。俄羅斯遠東研究所專家卡申相信普丁將無限期擱置這高鐵項目，以免往後受債務掣肘（Kashin, 2019）。

　　「一帶一盟」的基建項目一波三折，那麼推進自由貿易的路程平坦嗎？歐亞盟與中國於2018年簽署《經貿合作協定》，推動雙方貿易便利化（trade facilitation），但不涉及貿易自由化（trade liberalization）。《經貿合作協定》為歐亞盟與中國之間的貿易構建法理框架，消除非關稅壁壘，例如簡化清關程序和海關電子申報等，但不包括優惠關稅待遇（科夫涅爾、王家豪，2018）。對於設立俄中自貿區，俄方採取審慎態度，憂慮中國商品會拖垮本地市場。歐亞經濟委員會貿易部長韋羅妮卡·尼基什娜（Veronika Nikishina）明

言，各成員國還未準備好降低中國商品關稅，但會循序漸進地探索建立自貿區。事實上，中國國務院前總理溫家寶早於2003年提議建立上合組織自貿區，但俄方深信中國將成最大得益者，故多番婉拒。不過，歐亞經濟委員會主席季格蘭·薩奇席恩（Tigran Sargsyan）對《經貿合作協定》評價甚高，形容為「一帶一盟」的「重要第一步」（first concrete step），這或許反映了對接合作的務虛風格。

4地緣政局蛻變的危與機

近年地緣政局風雲變色，俄國和中國各自經歷不同的國際形勢變化，將對「一帶一盟」帶來什麼機會和挑戰？作為「絲綢之路經濟帶」的中轉站，與歐盟交惡的俄國幾成歐亞大陸融合的障礙。俄國與歐盟各自限制農產品和其他貨品的出入口，阻礙中國與歐盟之間的貨物交往。

縱使歐盟撤銷對俄制裁尚未有期，但俄、歐關係近年呈回暖跡象。對中國而言，這是把雙面刃：消除中、歐貿易的障礙，會令俄國減輕對中國的依賴；另一方面，中國與美國爆發貿易戰，推廣「一帶一路」也接連碰壁，北京需要重新審視與俄國合作的重要性。雖然俄國難以取代西方國家的經濟實力，但莫斯科仍然對中亞國家擁有巨大影響力，足以左右「絲綢之路經濟帶」的發展。歸根究底，俄、中兩國看待「一帶一盟」是以自身的現實利益為依歸，觀察者不用對兩國領導人的巧言令色太過在意。

取材至 Vemaps.com

俄羅斯

子午線高速公路
全長2000公里

英國
漢堡
烏克蘭
莫斯科
哈薩克
蒙古

全長8000公里

中國
上海

印度

子午線高速公路（圖片繪自：張佑生，2019）

三、中亞五國之旅：坦途還是荊途？

　　據2020年1月中中國駐吉爾吉斯大使館經商處的報導，截至2019年底吉國的外債為38.8億美元，當中欠中國進出口銀行債務最多，佔總額的46.3%。中亞五國積極參與「一帶一路」會否陷入債務陷阱、資不抵債的風險和代價，一直惹人關注。當年習近平選擇於哈薩克宣布「絲綢之路經濟帶」倡議，既反映中亞地緣關鍵角色，五國領袖對這機遇也翹首以待。但它們對中資真的沒心存顧忌？俄羅斯雖然口說支持倡議，但暗地裡是否在挑撥中亞與中國之間的矛盾，以維持其地區影響力？

1.乘搭經濟增長順風車

總的來說，中亞五國對「絲綢之路經濟帶」倡議的反應正面，對它或將帶來的發展空間熱切期待。哈薩克對之態度尤為積極，自喻為「皮帶扣」，突顯其關鍵位置，自視為歐洲和亞洲之間的橋樑，對歐亞經濟聯盟和「絲綢之路經濟帶」都來者不拒。前總統納札爾巴耶夫於2014年提出「光明大道」計畫，強調與「絲綢之路經濟帶」互補，旨在改善哈國基建的質和量。

烏茲別克為「雙內陸」國家，鄰國皆是內陸國家，對連接歐洲和波斯灣的「絲綢之路經濟帶」有股切需求。然而，前總統卡里莫夫（Islam Karimov）鼓吹經濟自給自足，深信區域融合會削弱烏國自主權。在他任內，烏國外交反覆多變，如2005年安集延（Andijon）屠殺事件後與美國交惡、2012年退出俄國牽頭的集體安全條約組織（CSTO）等。卡里莫夫於2016年病逝後，新總統米爾濟約耶夫（Shavkat Mirziyoyev）推動市場化改革，熱衷於參與「絲綢之路經濟帶」，相信有利於中資投資當地基建（Overland & Vakulchuk, 2018）。

吉爾吉斯、塔吉克和土庫曼的地理位置欠缺優勢，在「絲綢之路經濟帶」上的重要性相對較低。不過，這三國仍然對之展示興趣，希望可以滿足國內基建需求。

作為內陸國家，中亞五國期望互聯互通有助基建的發展能突破地理限制，促進國際和區域經貿合作。中亞鐵路

網為前蘇聯產物，以莫斯科為中心向四周輻射，但鮮有連接鄰近國家。由於運輸網絡發展滯後、互不相通，導致區內貿易持續不振，更遑論區域以外的合作。根據《物流績效指數報告》，哈薩克在160個國家中排名第71位、烏茲別克第99位、吉爾吉斯第108位、土庫曼第126位、塔吉克第134位（World Bank, 2018）。「絲綢之路經濟帶」將中亞與歐洲連接起來，有助中亞五國與世界經濟接軌，吸引更多貿易機會和外資，擺脫對俄國經濟的單一依賴。通過與全球經濟融合，中亞國家能加快推動國內工業化，減輕對原材料出口的依賴。作為經濟走廊的中轉站，它們也可坐收可觀的過境收入，例如哈薩克每年能賺取約50億美元的過境費。

俄國與西方為中亞能源博弈已經是1990年代的事情，中資參與顯得姍姍來遲，但卻後來居上，成為目前中亞的最大貿易夥伴和投資來源國。此前，中國與中亞國家的交往旨在維持新疆局勢穩定和打擊東突厥獨立運動，對能源合作不太熱衷。雙方於建交初期的貿易額不足10億美元，主要受到頻繁跨境恐怖活動和「黃禍論」（Yellow Peril）等政治、社會隱憂影響（Peyrouse, 2007）。全球金融海嘯後北京向中亞國家雪中送炭，設立100億美元反危機穩定基金，開展其地區影響力。自2015年起，中國在中亞地區的經濟勢力已經超越俄國，逐漸改寫中亞地區秩序。中國與中亞五國於2018年的貿易額達272億美元，成為烏茲別克、吉爾吉斯和土庫曼的最大貿易夥伴。近年中資進軍更加積極，對開採天然資源特感興趣，以應對中國的龐大能源需求。中國是吉爾吉斯、

塔吉克和土庫曼的最大海外直接投資來源國，也取代俄國成為哈薩克的第四大投資來源國。

2.中吉烏鐵路：中亞國家兩難之局的縮影？

然而，「絲綢之路經濟帶」的開展真的順風順水嗎？這裡以吉爾吉斯的經驗做個案考察。「中國－吉爾吉斯－烏茲別克」鐵路早於1997年提出，竣工後從中國到波斯灣及歐盟國家的運輸路線將縮短約900公里，運輸時間減少7至8天，有望提升中國、中亞和歐洲之間的貿易。然而，它雖然獲得中、烏支持，吉爾吉斯卻對其經濟效益有所保留，項目至今仍未動工（Roberts, 2019）。這個案頗能反映中亞國家在「一帶一路」上的兩難之局。

吉爾吉斯境內多山，項目需要建造超過50條隧道和90條橋，增添修建難度和成本。由於工程遲遲未能動工，造價持續攀升，從起初的23億美元飆升至目前逾60億。除了成本高昂，吉爾吉斯也擔憂鐵路的回報未如預期：它途經吉爾吉斯南部城市奧什（Osh），唯吉國南北鐵路網互不相連，位於北方的首都比斯凱克其實難以受惠；如果項目竣工，吉爾吉斯每年將獲取約2億美元過境費，但單靠過境收入難於短期內回本。2017年吉爾吉斯前總統阿坦巴耶夫提議鐵路改經阿特巴希（At-Bashi）、卡札爾曼（Kazarman）和賈拉拉巴（Jalalabad），以振興這些落後地區的經濟，但路線長度將由268公里增加至380公里，建造成本再添15億美元，遭到中方否決。

歸根究底，吉爾吉斯更迫切的需要是連接南北，而非貫穿東西的中吉烏鐵路。自獨立建國以來，吉爾吉斯持續面對南北分裂的政局：南部比較落後、以農為本、種族多元、保留傳統中亞文化；北部比較發達、工業化程度高、以吉爾吉斯人為主、深受俄國文化影響。南北派系人物輪流擔任總統和總理成為不明文規定，以平衡地方派系勢力，但始終避不過2005年「鬱金香革命」和2010年「第二次吉爾吉斯革命」。倘能加強南北聯繫，既收窄地域貧富差距，亦有維持社會穩定的政治功能。不過，中吉烏鐵路連接東西，反將奧什市與烏茲別克連接起來，觸發吉爾吉斯對主權的憂慮，也恐懼2008年南部種族騷亂的悲劇重演。

　　2018年美國智庫「全球發展中心」（Center for Global Development）發表報告已經預言吉爾吉斯的財務狀況脆弱，將面臨債務困擾的風險（Hurley et al., 2018）。2019年它超過45%的外債債主正是中國，若然債務違約，勢將鐵路、礦產、土地等戰略資產出租和轉售予中國，隨時惹來國民和俄國不滿。吉爾吉斯順勢邀請俄國參與中吉烏鐵路項目，但高昂的建造成本令莫斯科卻步；更何況，中吉烏鐵路進一步動搖俄國在中亞的運輸壟斷地位，克里姆林宮豈會自取滅亡？吉媒曾放風透露俄國對項目感興趣，但俄方至今仍未正式表態，正反映雙方各自的盤算。

3.俄國暗中搞局？

　　中亞五國向來奉行「多向量外交」，參與「絲綢之路經

濟帶」或能避免一邊倒向俄國，也同時打「中國牌」以向俄國謀取更多利益。面對來勢洶洶的中資，有謂俄國暗地裡阻撓和拖延中國基建項目，以捍衛其在中亞的影響力；又操弄「恐中症」，挑動中亞人民情緒，令他們向政府施壓，避免過分依賴中國（Bisenov, 2019）。

反中情緒在中亞國家廣泛瀰漫，群眾批評政府賣國、偏袒中資，觸發反華示威浪潮。2016年，哈薩克爆發反土改示威，抗議政府將外國人租用農地的期限從10年提高至25年。示威者將矛頭直指中國，認為土地改革助長中國擴張，使哈薩克長遠成為中國「殖民地」。面對輕視自主權、出賣國家利益等指控，納札爾巴耶夫最終撤回土地法改革。另外，中資參與海外項目時，被批評傾向僱用中國勞工或剝削當地工人，惹來當地平民極大反彈。以吉爾吉斯2019年的反華示威為例，示威者要求政府驅逐中國非法入境者和減少輸入中國勞工。根據移民局數據，吉爾吉斯於2018年批出16,490個外籍勞工配額，當中79%為中國公民。吉國示威者的訴求還包括釋放被囚於新疆「再教育營」的吉爾吉斯穆斯林、減少對中國的外債、禁止當地人與中國人通婚等等。

俄國與中亞國家長年建立的各種聯繫，中國短時間內難以取代。基於蘇聯時期的俄化政策，俄國的軟實力深深植根於中亞五國，俄語至今在中亞地區仍廣泛使用，菁英階層普遍在俄國留學，如哈薩克總統托卡耶夫（Kassym-Jomart Tokayev）就是畢業於莫斯科國立國際關係學院。蘇聯解體後，俄裔人口散落在中亞各國，佔哈薩克總人口的20%、

吉爾吉斯的12%、烏茲別克的6%、土庫曼的4%和塔吉克的1%。另外，吉爾吉斯和塔吉克的經濟相當依賴外勞賺取外匯，而兩國公民普遍前往俄國工作。根據世界銀行的數據，吉爾吉斯和塔吉克的外勞匯款分別佔其國內生產總值的32.9%和31.3%（World Bank, 2020d）。由此，俄國多番遊說塔吉克加入歐亞經濟聯盟，以享受聯盟內的勞工自由流動。在硬體上，俄國於吉爾吉斯和塔吉克設有軍事基地，而且中亞鐵路網沿用1,520毫米的寬軌，中國暫難撼動。

4.不可預見的安全風險

　　除了上述可以預見的挑戰外，在中亞推動「絲綢之路經濟帶」還面臨各種潛在風險：五國飽受非傳統安全威脅影

取材至 Vemaps.com

中吉烏鐵路（圖片繪自：RailFreight, 2019）

響，如毒品走私、人口販賣、跨國犯罪、叛亂、極端主義、貪汙、傳染病、生態系統破壞、環境汙染等等，絕對不容忽視。各國政府雖然歡迎「絲綢之路經濟帶」，但沿途社會動盪不安，推廣之路又豈會平坦？

四、烏克蘭與白羅斯：東歐中轉站可靠嗎？

烏克蘭和白羅斯對「絲綢之路經濟帶」的反應尚佳，是第一批支持「一帶一路」的歐洲國家。2013年12月，正值烏克蘭危機不斷升溫之際，時任總統亞努科維奇（Viktor Yanukovych）對中國進行國事訪問，宣布支持「絲綢之路經濟帶」，與習近平簽署價值100億美元的貸款和合作協議，包括在克里米亞興建深水港。白羅斯與中國於2014年底簽訂共建「絲綢之路經濟帶」的合作協議，正式啟動建設中國－白羅斯巨石工業園。

位於歐洲與俄羅斯之間，烏克蘭和白羅斯希望扮演中轉站角色，成為「絲綢之路經濟帶」的重要樞紐。陸路上，兩國是新歐亞大陸橋的沿線國家；海路上，烏克蘭敖德薩（Odessa）能發揮樞紐港的作用，參與連接中東歐國家的多瑙河水運。

對烏克蘭和白羅斯而言，參與「絲綢之路經濟帶」具備地緣政治和經濟誘因，減輕對俄國的依賴。基輔認為，若然中國大舉投資，成為烏克蘭發展的持份者，俄國不再如往日般有恃無恐（Bordilovska & Ugwu, 2019）。當烏、中建立緊

密的雙邊關係，前者加入歐盟也就事半功倍。

在後烏克蘭危機時期，白羅斯與其他前蘇聯國家同樣憂心忡忡，恐怕會步烏克蘭後塵。明斯克審視其國防政策，意識到過度依賴俄國的風險，故加強與中國的軍事合作，如聯合反恐演習和軍事人員培訓等。

經濟上，烏克蘭和白羅斯期望「絲綢之路經濟帶」帶來可觀的過境收入，提升對華貿易和投資。「絲綢之路經濟帶」能降低跨國運輸成本和時間，從而提升兩國與歐盟和中國的貿易，帶動經濟增長。根據烏克蘭海關統計，中國是烏克蘭第二大貿易夥伴，貿易額於2013年達106.3億美元，貿易以原材料為主，包括農產品和礦產。不過，中國對烏克蘭的外國直接投資微不足道，只得1,014萬美元，佔總量不足1%；這或可歸咎於烏國營商環境欠佳、貪汙問題嚴重（Ukrayinets, 2019）。相對而言，白羅斯仍然依賴俄國市場；2013年中、白貿易額僅為32.9億美元，對華主要出口鉀肥，進口機械設備。白羅斯的投資環境也乏善足陳，故中國對白直接投資僅為2,718萬美元。

1.政治穩定壓倒一切

其實烏克蘭的經濟潛力比白羅斯略勝一籌，可惜一直飽受地緣政治和國內政局衝擊，使「絲綢之路經濟帶」最終選擇途經白羅斯而非烏克蘭。2014年烏克蘭經歷「獨立廣場革命」，及後克里米亞被俄國吞併、烏東頓巴斯地區戰火不休。前總統波羅申科走強硬反俄路線，將加入歐盟和北

約寫入憲法，與俄國的地緣政治目標背道而馳。隨著克里米亞成為爭議領土、頓巴斯戰爭變成「凍結衝突」（frozen conflicts），俄國著力左右烏克蘭外交決策，擾亂基輔的西方融合大計。烏克蘭難逃美、俄地緣政治夾縫，「絲綢之路經濟帶」只好繞路而行，減低政治風險。

白羅斯同樣處於歐洲的地緣政治中心，普丁近年致力推動歐亞融合，白羅斯總統盧卡申科（Alexander Lukashenko）一直投其所好，參與俄國主導的歐亞經濟聯盟。每當與俄國爆發能源爭議，明斯克往往向西方伸出橄欖枝，以爭取更多談判籌碼，最終普丁與盧卡申科一錘定音地解決紛爭。縱使白羅斯曾因侵犯人權招致西方制裁，但明斯克參與歐盟「東方夥伴關係」計畫和開放免簽證待遇予西方國家，巧妙地拉近與西方的距離而又避免觸怒俄國。在頓巴斯戰爭中，盧卡申科邀請俄、烏、法、德四國元首到白羅斯進行和談，促成「諾曼第模式」四方會談和《明斯克協議》。儘管《明斯克協議》成效備受質疑，但無損白羅斯確立其「中間人」地位，遊走於俄國與西方之間。盧卡申科靈活的外交手腕既能保持白羅斯外交獨立，又能在地緣政治夾縫中存活，獲得倡議「絲綢之路經濟帶」的北京青睞。

作為「歐洲最後的獨裁者」，過去白羅斯政局較烏克蘭平穩。白羅斯沿襲蘇聯政治制度，權力集中於總統身上，讓盧卡申科肆意鏟除異己，保證幕僚的絕對政治忠誠。他鎮壓示威不遺餘力，被捕示威者付出失業或坐牢等沉重代價。白羅斯的公民社會被動，以發展換取穩定的觀念根深柢固，

視烏克蘭「廣場革命」為反面教材，並不熱衷於加入歐盟。2006年爆發的「牛仔褲革命」抗議盧卡申科操縱總統大選，但最終無疾而終。明斯克看重意識形態灌輸，於各個國家機構設立意識形態部，並在大學新增必修的思想教育課。2020年8月盧卡申科再度勝選連任，引發大規模民眾抗爭，指控選舉舞弊，雖然一度引來國際關注，但依然未能拔除他的專制統治（王家豪、羅金義，2020a）。相反，烏克蘭在十年內經歷兩次革命，加上政治派系鬥爭、寡頭商人干政、強烈地區性差異等結構性問題，短期內政局難免波動（張弘，2017）。

2.白羅斯「明珠」有多亮？

習近平於2015年造訪中白巨石工業園，形容它為「絲綢之路經濟帶」上的「明珠」，標誌兩國的重大科研、創新合作。它的概念萌芽於2010年，仿效中國和新加坡共建的蘇州工業園，協助白羅斯推動高科技產業和吸引外資。作為特別經濟區，它提供稅務優惠和關稅寬免，如豁免首十年企業利得稅、園內製成品免徵出口稅等。工業園對落戶企業有嚴格要求，如從事電子、生物技術、大數據處理等高增值產業，並投入500萬美元最低投資額。

中白工業園也不乏挑戰，如過度依賴中資、欠缺國際化等；預計需時25年建成，將耗費約60億美元，但白羅斯政府表明只願承擔總開支的3.8%（Zhou & Zhou, 2018）。中方為此設立投資基金以支撐工程費用，包括6億美元發展貸款。

工業園已吸引56間企業進駐，但當中近半為中資，包括華為和中興通訊，而外資則佔比不足20%；這些企業可以零關稅進入歐亞盟市場，但它們在歐洲市場的競爭力存疑。另外，白羅斯的工業基礎薄弱、政府過度干預經濟、中白產品監管要求不一致等因素，都會阻礙中白工業園的發展。

　　雖然中國在白羅斯的經濟影響力日益增加，但俄中摩擦因而加劇的機會不大。中國自2013年起向白羅斯投資33億美元，其中巨石工業園牽涉25億美元，其餘為基建項目。2019年底，白羅斯從中國國家開發銀行獲得5億美元貸款以解國內經濟危機。此前，俄國原承諾向白羅斯提供6億美元貸款，但兩國為「俄白聯盟」鬧得面紅耳赤，承諾失效。然而，俄國對中白關係變暖無太多顧慮，對牢牢控制明斯克依然充滿信心。正如俄羅斯國立高等經濟學院教授盧金（Alexander Lukin）所言，對於中國的經濟擴張，相對於西方勢力介入，莫斯科認為是兩害相權取其輕。更何況中國貸款的「魔鬼」在細節之中，如利率偏高、要求從中國購入部分原材料的附帶條款等，使白羅斯對中國融資態度審慎，以免長遠債台高築（Radeke & Chervyakov, 2018）。北京始終難以消除白羅斯對俄國的經濟依賴，充其量只能成為明斯克討價還價的籌碼之一。

3.烏克蘭背後的俄國陰影

　　經歷過克里米亞危機的衝擊後，烏克蘭與中國的貿易正在復甦，但投資意願仍然疲弱。隨著烏克蘭與俄國近年互相

實施貿易限制，中國於2019年取代俄國成為烏克蘭的最大貿易夥伴。受惠於中美貿易戰，現時中國的進口粟米80%來自烏克蘭。中國也成為烏克蘭軍火的最大買家，2017年的採購總額達8,300萬美元。儘管烏克蘭與歐盟近年簽署聯合協議（Association Agreement），但中國對烏克蘭的外國直接投資未見起色，只佔總額的0.05%。

　　烏克蘭嘗試重拾中轉國地位，積極參與建設「跨裏海國際運輸路線」（Trans-Caspian International Transport Route）。作為新歐亞大陸橋的南線，它沿經哈薩克、亞塞拜然、喬治亞和烏克蘭，橫越裏海和黑海，全程需時約15天，較途經俄國的北線短，這無疑牴觸了俄國的地緣政治利益，克里姆林宮立意要將烏克蘭邊緣化，削弱它投入西方陣營的議價能力。2018年底俄國與烏克蘭爆發刻赤海峽衝突，正要影響後者的港口優勢。此後中國在烏克蘭開拓商機時，需要謹慎避免引起俄方敵意。

　　近年烏克蘭的基建項目受到中資垂青，例如中國港灣工程承接尤日內港（Yuzhny）和切爾諾莫斯克（Chernomorsk）海港的疏浚工程、中國太平洋建設斥資20億美元建造基輔地鐵4號線、基輔和鮑里斯波爾（Boryspil）國際機場之間的接駁鐵路。但相關交易有損害基輔與西方陣營關係的風險，觸目的事例有馬達西奇公司（Motor Sich）收購案，美國以國家安全為由阻撓，最終導致中方收購暫時擱置。美方擔憂，中國會藉此獲得飛機引擎核心技術，彌補其軍機技術不足的弱點，與中方年前購入烏製航母「瓦良格號」（Varyag）改

裝成「遼寧號」同出一轍。基輔經歷過美俄地緣政治衝突，又再面臨中美「新冷戰」，如何自處，對其外交智慧是大考驗。

根據「國際透明組織」公布的《全球清廉指數》，烏克蘭在180個國家中排名126位；而白羅斯沿用計畫經濟模式，政府的「有形之手」無處不在，兩國的營商環境時令中資猶豫。中方開宗明義，視烏克蘭和白羅斯為進軍歐洲市場的踏腳石，對當地市場本身興趣不大。作為中轉平台，烏克蘭和白羅斯政局穩定至為重要，但兩國處於地緣政治的核心地帶，勢必牽連「絲綢之路經濟帶」的發展。

五、南高加索可以各取所需嗎？

2019年春中國外長王毅歷史性訪問亞塞拜然、喬治亞和亞美尼亞，展示南高加索三國於「絲綢之路經濟帶」的重要地位。南高加索地理位置優越，匯合歐亞各條貫穿東西和連通南北運輸走廊。三國參與「絲綢之路經濟帶」可謂各取所需：中國可建設連接歐洲的替代路線，繞過俄國的西伯利亞鐵路；南高加索國家能利用中國平衡俄國與西方勢力，也為區內基建項目發掘新資金來源。

1.起伏跌宕的南高加索局勢

南高加索三國今天面對俄羅斯與烏克蘭的「凍結衝突」（frozen conflicts），其實多年來該地區的局勢也是乍暖還

寒，衝突一觸即發。亞美尼亞與亞塞拜然於1988年爆發納戈爾諾－卡拉巴赫（Nagorno-Karabakh）戰爭，源於納卡地區尋求脫離亞塞拜然獨立，併入亞美尼亞。1994年雙方在歐安組織明斯克小組（OSCE Minsk group）斡旋下停火，但多年來局部衝突仍然時有發生；2020年9月底戰火重燃，持續多周，陣亡軍人接近五千，民族主義情緒令雙方領袖都難以選用溫和方法解決糾紛（王家豪、羅金義，2020b）。喬治亞同樣面臨分離主義威脅，阿布哈茲（Abkhazia）和南奧塞梯（South Ossetia）趁蘇聯解體宣布獨立，與喬軍爆發軍事衝突，最終由俄國介入調停。2008年時任喬治亞總統薩卡什維利打算收復失地，向南奧塞梯開火，招致俄軍以保護僑民為由入侵還擊，觸發「五日戰爭」。值得一提，納卡、阿布哈茲和南奧塞梯的獨立地位不受國際社會普遍承認。

由於局勢起伏跌宕，南高加索的地區融合和發展大受影響，特別是內陸國家亞美尼亞。亞塞拜然石油資源豐富，積極擴展基建，加強與喬治亞和土耳其的連通性，如南高加索天然氣管、塔納普天然氣管（TANAP）和「巴庫－第比利斯－卡爾斯鐵路」（BTK鐵路）等都是可觀項目。喬治亞位處黑海東岸，加上與區內的亞美尼亞和亞塞拜然保持良好關係，遂能在南高加索地區扮演樞紐角色。相反，亞美尼亞與亞塞拜然和土耳其交惡，邊境長期封閉，面臨邊緣化困局，於是嘗試與伊朗加強合作，期望透過南北運輸走廊衝出重圍。

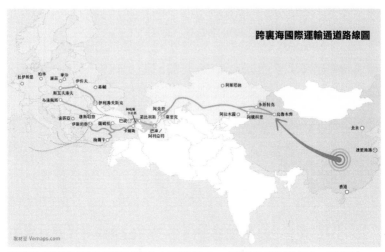

跨裏海國際運輸通道路線圖（圖片繪自：香港貿易發展局，2018）

2.「跨裏海國際運輸路線」

　　南高加索地區的龐大基建當中，與「絲綢之路經濟帶」關係最為微妙的是「跨裏海國際運輸路線」（TITR）。它繞過俄羅斯，是「絲綢之路經濟帶」的南線，也是新歐亞大陸橋的競爭對手；全長4,766公里，從哈薩克連接BTK鐵路，再抵達烏克蘭、羅馬尼亞和義大利等歐洲國家。由於南線不經俄國，中國可以減輕俄國對歐盟商品實施禁運造成的影響；竣工後，從中國到歐洲的貨運時間僅需15天，遠較船運快捷和空運便利。

　　BTK鐵路為跨裏海國際運輸路線的重要部分，由亞塞拜然、喬治亞和土耳其共同興建，為連接中國與歐洲提供

新選擇。它於2017年底通車，全長826公里，特意繞過亞美尼亞，充滿地緣政治色彩。正因如此，世界銀行、歐洲復興開發銀行、亞洲開發銀行等國際組織拒絕參與投資，迫使亞塞拜然與土耳其自掏腰包。這鐵路預計初期貨運量為650萬噸，長遠（2023年）可達1,700萬噸。然而由於受到各種掣肘，目前仍處於試驗階段，去年貨運量僅得27.5萬噸。譬如說，亞塞拜然首都巴庫港以船連接至哈薩克阿克套（Aktau）港口，但橫越裏海的渡輪成本高昂，單程需要1,200美元，每海里高達6.5美元（Inan & Yayloyan, 2018）。作為樞紐站，土耳其東部城市卡爾斯在接駁上出現明顯缺陷，連接土耳其西部及歐洲的鐵路網尚有待建造。另外，軌距差異、通關手續、過境關稅等技術問題，還需要各國討論和解決（Rzayev, 2019）。

阿納克利亞深水港（Anaklia）也併入跨裏海國際運輸路線，並且獲得中國和西方國家垂青。被譽為喬治亞史上規模最大的項目，阿納克利亞港投資額為25億美元，佔地400公頃，水深16米，可容納載運1萬個20呎標準貨櫃的貨輪，預計年吞吐量達1億噸。項目由美國和喬治亞企業組成的阿納克利亞發展集團（Anaklia Development Consortium）負責承建，皆因阿納克利亞港毗鄰阿布哈茲，喬治亞看重其戰略和安全價值。中資投標失敗，但仍期望項目盡快建成，所以上海振華重工（ZPMC）投資5千萬美元，而亞洲基礎設施投資銀行亦提供貸款。

雖然阿納克利亞港深受中國和西方國家歡迎，但對俄

國百害而無一利，故克里姆林宮試圖阻撓項目完工。阿納克利亞港有助美國提升地區影響力，甚至建立軍事存在，以抑制俄國在黑海的勢力擴張。它也將是俄國的新羅西斯克港（Novorossiysk）的直接對手，削弱後者的競爭力。2018年阿納克利亞發展集團理事長捲入洗黑錢醜聞，影響工程施工進度，恐未能如期於2020年竣工。外界質疑喬治亞執政黨主席伊萬尼什維利藉以打擊政敵，更憂慮他向俄國獻媚將項目擱置，或改由中資企業承建。

3.「國際南北運輸走廊」

值得細察的還有「國際南北運輸走廊」——隨著俄羅斯、亞塞拜然和土耳其於2019年5月簽訂合作備忘錄，允許俄國西伯利亞鐵路與BTK鐵路併合，它已漸見雛形。俄國、伊朗、印度早於2002年提此倡議，有利各方擴張影響力和促進經貿往來。

從互相競爭到合作，俄國參與BTK鐵路可謂各取所需。雖是中、歐之間最短程的陸路路線，但BTK鐵路貨運量不足，難以取代西伯利亞鐵路。隨著互相競爭的威脅漸減，俄國找到西伯利亞鐵路與BTK鐵路合作的契機——由於政府投資不足，前者年久失修，導致超負荷，運輸效率下降，削弱俄國能源產業的出口競爭力；兩條鐵路連接，有助釋放前者的貨運量，也為俄國煤礦覓得快捷和有效率的路線，運往土耳其和東南歐市場（Garibov, 2019）。目前俄國與土耳其的貿易以陸路運輸為主，途經烏克蘭、羅馬尼亞和保加利亞，

年貨運量達2千萬噸。兩鐵連接後，俄國更容易開拓土耳其市場，也進一步邊緣化烏克蘭，而BTK鐵路貨運量不足問題亦有望解決。

BTK鐵路與「國際南北運輸走廊」結合，意味著亞塞拜然成為匯合東西、南北運輸走廊的重要樞紐。除了領土爭議外，亞塞拜然與亞美尼亞多年來爭相成為「國際南北運輸走廊」的中轉站。亞塞拜然的銀彈攻勢奏效，巴庫政府於2017年向伊朗貸款5億美元（項目造價約11億美元），興建連接拉什特（Resht）和阿斯塔拉（Astara）的鐵路。相反，連接亞美尼亞和伊朗的鐵路需要35億美元，缺乏經濟效益，而且超出埃里溫政府財力範圍。亞塞拜然捷足先登，也要多虧俄國暗中支持——雖然維持盟友關係，但莫斯科樂見亞美尼亞遭邊緣化，被迫繼續依賴俄國（Rahimov, 2017）。

4.中國：第三股勢力？

面對美俄地緣政治博弈，南高加索三國採取截然不同的外交策略。亞塞拜然能源自給自足，奉行平衡和獨立外交政策，與美國、歐盟和俄國同時保持友好。喬治亞與俄國斷交，矢志加入歐盟和北約，但短期內難以實現。由於俄國主導納卡局勢，亞美尼亞外交被莫斯科牽制，年前埃里溫無奈拒簽歐盟聯合協議，改為加入歐亞盟。

作為中國在南高加索地區的主要貿易夥伴，亞塞拜然看重北京對國家主權和領土完整的大力支持。在納卡議題上，兩國反對分離主義的立場一致——北京不承認納卡、

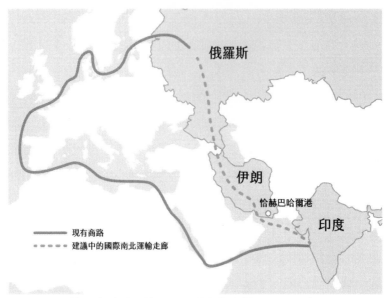

 内 labels:
俄羅斯

伊朗

恰赫巴哈爾港

印度

———— 現有商路

- - - - - 建議中的國際南北運輸走廊

國際南北運輸走廊（圖片繪自：香港貿易發展局，2016）

阿布哈茲和南奧塞梯的獨立地位，而亞塞拜然和喬治亞也禮尚往來，奉行「一個中國」原則（Valiyev, 2019）。由於歐安組織對亞塞拜然實施武器禁運，俄國也傾向出售相同水平的武器予亞塞拜然及亞美尼亞，巴庫政府遂增加採購中國軍火。

　　喬治亞成為首個前蘇聯國家與歐盟和中國簽署自由貿易協定，擁有便利的營商環境。根據世界銀行的《2020年營商環境報告》，喬治亞在190個國家中排名第6，冠絕歐亞地區。近年它與中國愈走愈近，引起西方國家不安，再次加強對第比利斯的投放。例如，美國海外私人投資公司

（OPIC）向喬治亞21個項目投資1億3,800萬美元；歐盟自2014至2018年向它提供近6億歐元援助。

中國與亞美尼亞的互動不及其他南高加索國家，難以破除埃里溫對俄國的依賴。中國土木工程集團曾表示有意興建亞美尼亞－伊朗鐵路，但結果無疾而終。亞美尼亞在中國「絲綢之路經濟帶」欠缺角色，兩國合作僅停留於人文交流層面，例如設立孔子學院和免簽證安排等。

六、小結

雖然俄羅斯和前蘇聯國家的領導人都聲稱支持「絲綢之路經濟帶」，但仔細考察他們和中國的具體交往，不難發現言過其實的一面。

莫斯科起初質疑「絲綢之路經濟帶」衝著俄國而來，後來受國際形勢所迫而改為支持倡議，及後莫斯科對中國「自我中心」的做法大失所望，遂以「大歐亞」戰略對中國進行軟制衡。「一帶一盟」對接合作其實貌合神離，多個旗艦項目進展緩慢，例如「莫斯科－喀山高鐵」，往往是務虛多於務實。

中國大舉投資中亞國家，為當地經濟創造發展機會，區內領袖自是受用。不過觀乎「中國－吉爾吉斯－烏茲別克」鐵路胎死腹中，是反映中國發展項目其實不盡滿足當地需要嗎？近年中亞社會彌漫「恐中症」，俄國軟實力又長年扎根中亞，莫斯科或能使「絲綢之路經濟帶」脫軌的力量不容

小覷。

　　地緣政治穩定性使中國選擇白羅斯而非烏克蘭成為「絲綢之路經濟帶」的中轉站。烏克蘭雖然跟中國加強合作，但斷不會因此破壞與西方關係，犧牲加入西方陣營的終極目標。白羅斯與中國合作投機心重，明斯克以極低成本拉攏北京，以爭取籌碼與莫斯科討價還價。

　　南高加索國家為「絲綢之路經濟帶」提供替代路線，中國積極參與區內建設也使三國開展外交多樣化。然而，南高加索政局受到「凍結衝突」影響，而俄國正主宰納卡、阿布哈茲和南奧塞梯的形勢發展，南高加索國家的想法未必能得心應手。

　　「絲綢之路經濟帶」的發展必須倚賴前蘇聯國家的合作，而俄國仍然實在地主導著這些國家的形勢，也就是有力左右中國倡議的推行。以下章節，將更深更廣地了解俄羅斯對自身復興大業的盤算，從而如何影響「絲綢之路經濟帶」的發展和挑戰。

第三章
歐亞融合

　　俄羅斯背負著沉重的大國包袱，所以普丁矢志要俄國復興，恢復其國際地位。儘管蘇聯早已解體，但俄國仍視歐亞地區為勢力範圍、前蘇聯加盟共和國為附庸國。俄國的野心昭然若揭，認定歐亞融合的必要性，否則大國復興夢難以成真，遂假區域融合之名，行勢力範圍劃分之實。歐亞地區經歷過不同階段的區域融合，而歐亞經濟聯盟標誌著普丁的大國抱負，卻因烏克蘭危機出師不利。俄國軟硬兼施，遊說各個歐亞國家參與區域融合，得到截然不同的迴響。白羅斯積極參與歐亞融合，以換取廉價能源和社會穩定，但難言對俄國言聽計從。有感於白羅斯的談判籌碼漸減，俄國重提組建「俄白聯盟」的計畫，進一步操縱兩國關係，還待觀察明斯克如何回應。烏克蘭選出素人總統澤連斯基，盼突破政治悶局、推動經濟改革、緩和與俄國的敵對關係，可惜處處碰壁；刻赤海峽衝突反映俄、烏兩國地緣實力的差距，也突顯西方國家的空泛承諾。雖然喬治亞示威充斥著反俄情緒，唯政府治國不善和菁英內鬥的政治文化更讓人憂慮。哈薩克國父納札爾巴耶夫退位，但「多向量外交」政策未見轉變，將繼續憑藉其重要地緣政治位置左右逢源。波羅的海三國擺脫

俄國控制，並投向西方集體安全體系和用心樹立國民身分認同，時刻提防俄國的各種侵略。前蘇聯國家在「絲綢之路經濟帶」扮演關鍵角色，讀懂歐亞局勢有助看清中國推動西進政策的考驗。

一、歐亞經濟聯盟：豐碑還是夕陽？

2011年普丁宣布再度競選總統，提出成立歐亞盟作為政綱，獲得白羅斯總統盧卡申科和哈薩克國父納札爾巴耶夫支持。時任美國國務卿希拉蕊（Hillary Clinton）批評俄羅斯推動歐亞盟其實旨在將歐亞地區「再蘇聯化」，多次表示無意重建蘇聯霸業的普丁固然否認希拉蕊的指控，強調歐亞盟是歐洲與亞太的橋樑，著力於促進經濟融合。歐亞盟成立數年以來，儘管多談經貿合作，但聯盟背後確實深藏歐亞主義意識形態。「絲綢之路經濟帶」與歐亞盟是敵是友暫難分明，後者的變奏，值得關心前者發展的觀察者注意。

1.歐亞主義的多重解讀

歐亞主義初為文化思想，早於19世紀末萌芽，提倡斯拉夫文化優越論，視東正教為基督教正統，認為歐亞獨一無二，非歐非亞，擁有獨特的文化價值。由此，俄國應走獨特的發展路線，對彼得大帝的西化改革不以為然。1917年俄國爆發「十月革命」，知識份子重提歐亞主義（又稱古典歐亞主義），並增添地緣政治元素，與社會主義分庭抗禮

（Laruelle, 2012）。古典歐亞主義者採納麥金德的「心臟地帶」說，視俄國為陸權國家，有條件自給自足，與西方海權國家不遑多讓。後來古典歐亞主義者主動與史達林修好，他們的論說在1930年代後逐漸式微，直至蘇聯解體。

就如古典歐亞主義興起於沙皇政權被推翻，新歐亞主義也在1991年蘇聯解體之時冒起，填補俄國的意識形態空缺。新歐亞主義的領銜人物為前莫斯科國立大學教授杜金，他的論述聚焦於地緣政治，傳揚極端反西方思想（Dugin, 2014），提倡多極化世界，認為以俄國為首的歐亞勢力要捍衛集體主義等傳統價值，批評以自由主義為基礎的「普世價值觀」為西方霸權。與古典歐亞主義提倡孤立主義（Isolationism）外交原則不一樣，杜金樂於與其他國家的右翼政黨組成聯合反西方陣線，使新歐亞主義不受地域限制。

歐亞主義除了有古今之分之外，也有帝國主義、民族主義、全球主義和超國家主義等四個層面解讀。杜金的新歐亞主義充滿極右色彩，鼓吹全球反西方運動、俄國於其他地區擴張勢力；不過，普丁施政作風偏好中間落墨，西方媒體常將杜金說成是他的幕後軍師，恐怕是誇誇其談。民族主義者則認為俄國可借歐亞主義重塑大國地位，並理順普丁奉行歐亞兼顧的雙翼外交，似乎更合克里姆林宮的外交方針；而這也是一種意識形態上的表態，透過歐亞主義理順歐亞國家的威權管治手段，將爭取自由和民主的訴求拒諸門外。

全球主義者支持務實的歐亞經濟一體化，將俄國、前蘇聯加盟國、歐洲和亞洲的經濟扣連起來，進一步推動全球經

貿發展；不過俄國自由派在政治決策上的角色有限，面對批評歐亞融合前景暗淡的主流意見，似乎難以招架。哈薩克前總統納札爾巴耶夫對歐亞主義有另一種看法，視之為「多向量外交」的實踐，歐亞盟有助哈薩克加強與其他歐亞國家的經濟聯繫，而它的超國家體制亦有望能約束俄國的擴張野心。

2.普丁的歐亞大國夢

　　歐亞盟是超國家組織，以歐盟的制度為藍本，延續和加強關稅同盟及歐亞經濟共同體等區域一體化進程，由俄羅斯、白羅斯、哈薩克、吉爾吉斯和亞美尼亞五國組成。根據國際關係理論，成立區域組織有三大原因：軟制衡（現實主義）、全球連通（自由主義）和建立區域認同（建構主義），歐亞盟算是鞏固了俄國在前蘇聯地區的影響力，實現普丁的大國外交（Hanggi et al., 2006）。在後冷戰時期，西方組織如北約和歐盟東擴，加上「顏色革命」在前蘇聯加盟國爆發，觸動了俄國的圍城心態。

　　不少學者視歐亞盟的成立為俄國的反制措施——歐亞盟與歐盟的東部夥伴關係計畫互不相容，俄國藉此防止成員國倒戈加入敵對陣營；同時，歐亞盟代表成員國與歐盟接洽，避免他們單獨與歐盟簽訂雙邊協議。除了抵禦西方威脅之外，推動歐亞盟也有助俄國展現大國形象——美國視西半球為「後花園」、中國看待東亞為其勢力範圍，俄國也藉歐亞盟重新劃界，在多極世界中與美、中三分天下。即使在多

中心（polycentric）全球秩序的視角中，歐亞盟也跟歐盟、東協、「北美自由貿易協定」（NAFTA）和南方共同市場（Mercosur）等平分秋色。歐亞盟的存在就是傳遞了一個重要政治訊息：俄國是世界大國之一。

不過，欠缺烏克蘭的參與，歐亞盟的地緣政治價值大打折扣，烏克蘭危機更令聯盟遇上多重挑戰。美國前國家安全顧問布里辛斯基曾經明言：「沒有烏克蘭，俄羅斯就不再是一個歐亞帝國。」（Brzezinski, 1998）烏克蘭坐擁遼闊國土，地處東西交界，為西歐和俄國的戰略緩衝區。普丁宣稱俄國、烏克蘭和白羅斯同屬東斯拉夫族，將成為歐亞的核心。2013年普丁成功說服烏克蘭前總統亞努科維奇（Viktor Yanukovych）拒簽歐盟協議，改為加入歐亞盟，但最終導致烏克蘭危機。在後「獨立廣場革命」時代，烏克蘭與俄國關係全面決裂，決意跟西方融合，矢志加入歐盟和北約。

3.活在烏克蘭危機的陰霾下

烏克蘭危機對其他歐亞盟成員國的主權敲響警號，阻礙歐亞融合的深度和進度。哈薩克和白羅斯對共同國籍、外交、防衛等融合項目全盤否定，擔心過去二十多年的民族建構工程付諸流水。它們要求聯盟名稱加添「經濟」二字，也成功爭取了否決權，使各國元首有權參與最終決策，歐亞盟彷彿變成府際（Intergovernmental）組織（Dragneva & Wolczuk, 2015）。為了回應西方的經濟制裁，俄國單方面宣

布歐亞盟將採取反制裁措施。然而，俄國事先未獲得其他成員國的同意，結果嚴重損害聯盟的內部團結和信譽。

烏克蘭危機為俄國帶來金融危機，歐亞盟的經濟融合進展自然未如理想。歐亞發展銀行發表報告，衡量它在宏觀調控、貿易、外國投資和勞務移民等成效；聯盟也設立3項宏觀經濟指標：財政赤字不多於本地生產總值的3%、國債對本地生產總值比率不多於50%、同比通膨率不多於5%（Zadorin et al., 2017）。不過，所有成員國都曾違反最少一項以上指標而沒有受到處罰，歐亞盟的管治威信日薄西山。

2018年成員國之間的貿易額增長9.2%，但它們與聯盟之外的第三方國家的貿易額依然佔更大比重。在外國直接投資方面，俄國提供了聯盟內的81.5%，而中國作為歐亞盟的最大外國直接投資來源國，投資側重哈薩克（82%），遠超第2位的俄國（13%）（Vinokurov, et al., 2017）。歐亞盟的勞動力自由流動政策相對有效，從哈薩克和吉爾吉斯到俄國的外勞分別增加了12%和6%；不過，逾半俄國人對歐亞盟的勞務移民政策表示不滿，擔心影響自己生計。綜合而言，近年俄國經濟發展飽受衝擊，難以作為增長火車頭，反而有拖累歐亞盟經濟之嫌。

4.歐亞豐碑的夕陽？

到2020年底歐亞盟已經成立了6年，歷來諸事不順，在國際、地區、人民層面處處碰壁。國際上，它與歐盟勢成水火，只好向東發展，跟中國、越南、新加坡等合作。區域

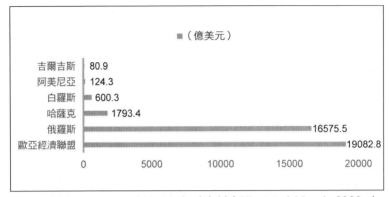

（億美元）

吉爾吉斯	80.9
阿美尼亞	124.3
白羅斯	600.3
哈薩克	1793.4
俄羅斯	16575.5
歐亞經濟聯盟	19082.8

歐亞經濟聯盟—DGDP（2018年）（資料來源：World Bank, 2020a）

上，歐亞盟失去烏克蘭的支持，而成員國考慮自身利益多於
對聯盟的承諾，政治分歧沒有得以化解。在老百姓的層面
上，歐亞盟的認受性在各國都有下跌趨勢，年長人士較青年
人熱衷於歐亞融合，也不過是慰藉對蘇聯的懷戀。

　　俄國國內不乏認為聯盟成效不彰的批評，對之有投閒
置散之意。自由派人士樂見克宮對歐亞盟態度不再積極，
減低聯盟的政治色彩，反而可以讓技術官僚專注經濟融合的
工作。與此同時，也有謂歐亞盟是普丁的個人政治工程，像
「一帶一路」標誌著習近平本人的豐碑，絕不會貿然解散。
克宮近年力推「大歐亞」戰略，提倡俄中為首的非西方國家
和組織聯手對抗西方霸權，也許歐亞盟從中能發揮或多或少
餘暉？

二、拖延「俄白聯盟」：中國牌奏效嗎？

俄羅斯與白羅斯關係長年貌合神離，但兩國政經關係其實密不可分。近年來，普丁建議按1999年簽訂的條約成立「俄白聯盟」，使兩國在政治和經濟層面進一步融合，如統一貨幣和稅率等。國際輿論界關注普丁於2024年總統任期結束後或會透過成為「俄白聯盟」主席保持權力，是真是假暫不得而知；但他此舉是要長遠理順俄白的雙邊關係，使白羅斯對俄國言聽計從，應無懸念。白羅斯總統盧卡申科的政治手腕不無可觀之處，普丁要打響「俄白聯盟」如意算盤，可行性成疑。

1.石油稅改起風波

近來爭議的背景源自2018年7月俄羅斯國會通過石油業稅改法案，將在2024年前逐步淘汰原油出口稅，並在2021年前逐步上調石油開採稅。現時俄國本地石油定價方法為國際油價減去出口稅，新法案實施後將推高俄國本地油價，使之與國際油價看齊。提高俄國本地油價除了影響俄國民眾外，亦會牽連白羅斯經濟——後者以往按俄羅斯本地油價支付費用，一直以廉價進口俄國石油，而這些進口石油部分用作本地消費和生產，部分則進行提煉加工，再出口到歐洲市場，以賺取外匯。近期，白羅斯出口總額的三分之一為轉口石油產品。

俄國新法案通過後，白羅斯向俄國進口石油的成本上漲，轉口石油產品將變得無利可圖。白羅斯副總理Igor Lyashenko早前透露，白羅斯在2019年將因此而損失3,830萬美元，於未來6年將損失80億至120億美元。新法案向俄國煉油廠提供稅務減免，白羅斯要求獲得同等待遇，向俄國索償每年30億至40億美元。在談判桌上，白羅斯威脅要退出歐亞盟，俄方則要求白羅斯全面履行兩國於1999年簽訂的《俄羅斯和白羅斯聯盟條約》。

2.不對稱的能源關係

白羅斯頗為倚賴俄國能源，大約70%至80%天然氣和石油由那裡進口。自普丁上台後，俄國為能源政策訂定兩大圖謀：逐步提高出口至白羅斯的能源價格，並奪取其國營能源企業的控制權。多年來俄國屢次與白羅斯爆發能源爭議，都是試圖進一步操縱兩國不對稱的能源關係（Caldioli, 2012）。

2004年，Gazprom將出口至白羅斯的天然氣價格由每千立方米30美元提高至50美元，遭到白羅斯拒絕，俄方短暫終止對白方供氣。結果兩國簽訂協議，將天然氣價上調至46.5美元。2007年，Gazprom再次要求加價；同時，俄國石油管道公司Transneft向白羅斯的轉口原油加徵關稅，並中斷對白方的石油供應數天。最終俄方奪取白羅斯國營天然氣管道公司Beltransgas一半控制權，並將新天然氣價提高至100美元。2010年，俄方聲稱出口到白羅斯的天然氣平均價格應為

174美元，但白方只按舊價格150美元支付，俄國一度削減對白方供氣量60%，白羅斯無奈償還大部分差價。

在地緣經濟上，白羅斯位於俄國和歐洲之間，長年透過能源中轉服務獲利。自德國和俄國之間的「北溪天然氣管道」（Nord Stream）於2011年開通之後，俄國可直接向歐洲供氣，對白羅斯的依賴減少，後者逐漸失去談判籌碼。「北溪-2」管道將於2019年底啟用，白羅斯的中轉地位或會進一步被削弱。

3.牴觸白羅斯主權紅線

普丁熱忱於歐亞融合，盧卡申科一直投其所好，積極支持俄方主導的地緣政治鴻圖，其實是從中換取經濟利益。2011年白羅斯於陷入經濟危機，俄國提供30億美元貸款以換取白羅斯加入歐亞盟。盧卡申科政權的認受性源於經濟穩定發展，俄國向白羅斯提供貸款和默許它轉口石油產品，其實是協助了盧卡申科政權維穩。據估計，盧卡申科自1994年執政至今，已從俄國獲得逾1千億美元經濟援助。

白羅斯的經濟缺乏效率，發展滯後，為國家財政帶來沉重負擔。國有企業在白羅斯扮演主導角色，為國家貢獻逾70%本地生產總值。不過，經濟分析師Jaroslav Romanchuk指出，在缺乏政府補貼的情況下，60%農業公司和四分之一工業公司將面臨倒閉風險。結果，白羅斯的外債高達165億美元，佔全國本地生產總值的28%。

儘管白羅斯參與歐亞融合，但盧卡申科在主權方面卻從未

退讓。歐亞盟仿效歐盟，為「超國家」組織，要求成員國轉移部分主權予獨立決策主體。不過，普丁深知主權為俄國和其他前蘇聯共和國的紅線，故授予歐亞盟成員國終極否決權。

然而，「俄白聯盟」卻要求白羅斯放棄部分主權，觸及其主權紅線，無疑會引來極大反對聲音。盧卡申科掌權四分一世紀，似乎不會輕易讓位；近年他頻頻與14歲幼子尼古拉一起在國際舞台露面，國際輿論界猜測他打算參照朝鮮模式，培育其幼子成為接班人。所以，即使盧卡申科口頭支持俄白融合，但如果「俄白聯盟」在實際上撼動白羅斯主權自主，他定必寸土不讓。

既然如此，白俄斯政府已做出最壞打算，也確保人民做好準備。白羅斯財政部長Maksim Yermolovich明言，明斯克預計不會得到俄國貸款，將籌備應對方案。白羅斯國營石化公司（Belneftekhim）也表明，會為油價上升做準備，將提升設備的效率和優化支出結構。

4.盧卡申科的民意牌、國際牌和中國牌

爭議當前，盧卡申科於2019年春曾表達「民主」豪言：「只要兩國人民願意，白羅斯將與俄國一體化。」根據白羅斯分析工作坊於2017年的民調，只有5%受訪者希望白羅斯成為俄國的一部分，大部分人民支持維持現狀（Glod, 2017）。類似民調發現，60%受訪者認為明斯克應奉行中立外交，不應與俄國或北約結成軍事聯盟（IISEPS, 2015）。

民意清晰反對「俄白聯盟」，盧卡申科無非藉民意牌四

兩撥千斤，婉拒俄方要求。他亦深知普丁近來民望下滑，未必能取得足夠民意支持，斷不會貿然舉行公投。若然莫斯科膽敢以克里米亞模式吞併白羅斯，兩國民情很可能會激烈反彈，普丁要考慮武力鎮壓的風險和代價。

　　白羅斯與波蘭、烏克蘭、拉脫維亞和立陶宛接壤，也有打國際牌的條件，於俄國和歐洲之間左右逢源。每當俄國與其他前蘇聯加盟共和國有主權衝突，白羅斯都會向西方伸出橄欖枝（Shreibman, 2018）。例如2008年俄國與喬治亞爆發「五日戰爭」，白羅斯竟然對莫斯科的5千萬美元貸款無動於衷，拒絕承認阿布哈茲和南奧塞梯的獨立地位；一年後，白羅斯全面參與歐盟「東方夥伴關係」計畫，加強與歐洲國家的合作。2014年烏克蘭危機爆發之後，白羅斯開放免簽證待遇予所有歐盟成員國、美國，香港市民也因而能受惠。面對西方國家制裁，莫斯科單方面宣布歐亞盟將採取反制裁措施，但明斯克拒絕遵守；結果，歐洲肉類和挪威鮭魚等違禁品，經白羅斯抵達俄國市場。

　　近年白羅斯積極向中國招手，從而向俄國討價還價。2019年中國與白羅斯簽署備忘錄，計畫向後者提供5億美元貸款。此前，白羅斯先後從中國獲得70億美元貸款（2015年）和1,100萬美元無償援助（2011年）。中國與白羅斯合資興建的巨石工業園，已於2017年投入使用，有助加強兩國的科研合作。盧卡申科兒子尼古拉去年更以普通話給中國人民拜年，向中國大送秋波。

5.白羅斯拖字訣能奏效嗎？

　　不過根據往績，明斯克多次對西方「過橋抽板」。歐洲復興開發銀行於2018年提供一筆3,600萬歐元的貸款，協助白羅斯經濟進行私有化，但最終可能有進展滯後而遭到擱置。盧卡申科最近的國際牌能否奏效，尚難確定。可以預期的是盧卡申科會採取拖延策略，可見未來「俄白聯盟」將難有實質進展。盧卡申科對於「俄白聯盟」口惠而實不至，一方面表示兩國將成立聯合工作小組，探討可行方案和解決雙方爭議；也可能許下空泛的承諾，然後透過官僚制度諸多阻撓。與此同時，他將觀望白羅斯對外開放的努力能否取得實質成果，爭取更多談判籌碼。

　　普丁要永續連任，在國內修憲或改行議會制，也許都比組成「俄白聯盟」容易。他提出成立「俄白聯盟」，或許旨在向白羅斯發出政治警號——多年來莫斯科威迫利誘，始終未能完全馴服白羅斯。隨著俄國擁有愈來愈多籌碼，普丁嘗試將白羅斯推出國際舞台，看它能否仍然可以取得西方關注。相信普丁是預期白羅斯將面臨國際孤立，使盧卡申科以後變得更為俯首帖耳。普丁利用如此奇招去處理俄白關係是否過於冒險，國際輿論界都拭目以待。

三、烏克蘭素人總統：「親歐不反俄」？

　　2019年4月澤連斯基（Vladimir Zelensky）一如所料在烏

克蘭總統選舉中大勝，素人政治又添一例。2004年烏克蘭經歷「橙色革命」，10年後再有「獨立廣場革命」，但始終未能確立民主和法治，國民的政治無力感漸強，渴望澤連斯基帶來轉變，他的「人民公僕黨」也成為國會的多數黨。這會為烏克蘭的政壇、經濟和外交帶來什麼轉變？

1.政治素人破悶局

自2013年爆發烏克蘭危機以來，國家經濟疲弱，人民生活水平未見改善。烏克蘭經濟由寡頭商人壟斷，當中近60%活動以非競爭形式進行。前總統波羅申科曾推出各種貿易優惠待遇，但未有改革經濟結構和營商環境（諸如司法制度、稅制、反壟斷法等），海外投資始終未被吸引，不少國民甚至跑到海外工作以博取較佳待遇。

民眾渴求建制以外的新面孔創造希望，這種想法建基於大眾的政治無力感，寄望政治素人打破悶局。烏克蘭這一屆總統大選的首輪候選人多達44名，為歷屆之冠；其次是2004年的一屆，也只有24人。參選人數創新高，反映民眾對政治機構和管治階層信心大失——波羅申科的反對率高達70%，對議會和內閣成員的不信任程度分別為80%和74%。其實，「外來者」成功介入選舉政治，在國際社會近年屢見不鮮，例如美國總統川普、巴西總統博索納羅、斯洛伐克自由派女總統卡普托娃（Zuzana Čaputová）等。

澤連斯基毫無政治經驗，只有在電視劇《人民公僕》中飾演總統角色的「履歷」。他反而大膽地以「缺乏從政經

驗」、清晰理念或政綱為賣點，更揚言只會挑選政治素人加入管治團隊。他摒棄傳統競選工程，鮮有舉行造勢大會和接受媒體採訪，卻善用新媒體做宣傳，在社交媒體公布政綱。這些技法深得年輕選民支持，近半在首輪投票支持他的選民年齡正是介乎18至39歲。

競選期間，前總理季莫申科聲言當選後將提升工人薪酬和降低公用事業開支（結果她未能躋身決選）；波羅申科更揚言要重奪俄羅斯吞併的克里米亞。有別於民粹主義政客隨意開出政治支票，澤連斯基的競選口號卻是「沒有承諾，就不會令人失望」（No promises, no excuses）；他的「政綱」焦點是推動公投，體現直接民主精神，表示會還政於民，讓國民就烏克蘭加入歐盟和北約等議題投票表決。公投看似能彌補代議民主的缺陷，但實踐上往往事與願違，可能帶來過分簡化議題、激化社會對立、低投票率等弊端。年前的英國脫歐公投，迄今幾近尾大不掉，暴露了直接民主的缺陷。

2.經濟改革談何容易

在經濟事宜上，澤連斯基原本只能扮演倡議者的角色。烏克蘭行「議會－總統制」，根據2004年的新修憲法，總統決定國防和外交，經濟政策由總理主持；如何改革疲弱的經濟，將更多取決於議會選舉。澤連斯基組建的「人民公僕」黨於議會選舉取得大多數議席，進一步增強他的政治力量，從而推動改革方案和兌現競選承諾。

烏克蘭當務之急應是實行政商分離，阻止寡頭商人操

弄政治。烏克蘭貪風橫行，也應歸咎於議員享有司法豁免權
——不少富商參選，甚至用錢「購買」議席，以躲避刑責、
扣押及逮捕；他們樂於與政府打交道以換取個人利益，同時
阻礙經濟改革。澤連斯基似乎也跟寡頭商人關係密切，推動
改革的決心令人生疑（Skorkin, 2019）。流亡以色列的烏克
蘭富商科洛莫伊斯基（Ihor Kolomoisky）是銀行大亨，也涉
足石油、鋼鐵、航空和媒體業，後來回到基輔，表示願意為
澤連斯基出謀獻策。澤連斯基任命伯丹（Andriy Bohdan）
為幕僚長、岡察魯克（Oleksiy Goncharuk）為總理，但他倆
與科洛莫伊斯基關係密切，惹來不少爭議。作為科洛莫伊斯
基的商界對手，烏克蘭首富艾哈邁托夫（Rinat Akhmetov）
遭到新政府窮追猛打；除了失去司法豁免權外，他的鐵礦企
業將面臨巨額的追加稅項。儘管兩人否認有任何政治關聯，
但外界質疑澤連斯基將成為科洛莫伊斯基的傀儡，協助他垂
簾聽政。

澤連斯基的經濟政策，夾雜自由市場改革和福利民粹
主義，充滿矛盾與挑戰。2019年烏克蘭的經濟增長大約只
有3.3%，略遜於察魯克承諾的5%至8%。其經濟過度依賴金
屬和鐵礦等原材料出口，勢必受到中美貿易戰所拖累。基
輔再向國際貨幣基金組織（IMF）申請50億至100億美元的
貸款，條件為大規模私有化和開放土地市場，能源、化工、
工業企業遂率先被私有化，引起不少海外資本注目。烏克
蘭飛機引擎商Motor Sich受到中資垂青，但美國極力阻礙，
慎防中國獲得核心引擎技術，使收購計畫暫時擱置。至於

土地改革，基輔經濟學院預計烏克蘭政府賣地為國庫帶來225億美元收入，唯民調顯示63%國民反對農地私有化。烏克蘭的經濟改革未受到外國投資者青睞，2018年的外國直接投資（FDI）回升至21億美元，但仍未追上2013年的88億美元。政府承諾提升國民的薪酬水平，將平均工資提升50%，以阻止人才外流現象（約10%國民往海外工作），但恐將為庫房再添負擔。澤連斯基正面臨短期民意下滑和長遠重振烏克蘭經濟的兩難抉擇，魚與熊掌恐怕不可兼得（Skorkin, 2019）。

3.「親歐不反俄」可能嗎？

跟其他候選人的論調大同小異，澤連斯基主張維持跟西方融合。烏克蘭危機以還，民眾大多傾向西方，2018年更將加入歐盟和北約寫入憲法。以往選舉由親俄和親歐候選人爭持不下，然而近年民情轉變，打破了以往傳統的東西對壘情況。這次選舉，俄羅斯的背書反而成為惡魔之吻，親俄候選人Yuriy Boyko 在首輪投票的得票率只得第4位。

有別於波羅申科的強硬反俄立場，澤連斯基傾向以外交渠道跟莫斯科對話。2019年初基輔國際社會學研究所的民調發現，近60%受訪者對俄羅斯態度正面（KIIS, 2019）。既然民眾的反俄情緒軟化，澤連斯基主張以溫和手段處理對俄關係，顯然更得民心。他會說俄語，演藝作品也以俄語為主；曾批評波羅申科政府打壓俄語，只會加劇社會分化。烏克蘭的俄語人口集中在東部和南部地區，他們政治上反俄，

但同時抗拒以烏克蘭語主導的民族建構工程，澤連斯基包容俄語的立場，正取悅到這群俄語選民。

　　對於澤連斯基勝選，俄羅斯民間反應正面，而官方則持觀望態度。根據全俄民意中心的民調，31%俄國人支持澤連斯基當選，支持波羅申科的只有1%（VTsIOM, 2019）。他們期望新總統能為烏克蘭政壇注入新元素，改善兩國關係。克里姆林宮早已明示不願跟強硬反俄的波羅申科打交道，而澤連斯基掌權則可能為俄烏關係正常化帶來轉機。不少評論憂慮澤連斯基欠缺外交經驗，容易被俄國趁機佔便宜。莫斯科對基輔的長遠策略為壓抑經濟發展、擾亂政局穩定、操縱烏東頓巴斯地區衝突，期望烏克蘭終究浪子回頭。

4.民情的載覆之力難料

　　澤連斯基上任不足半年，民望評分已從73%急跌至32%，彷彿歷史在重演。前總統尤先科（Viktor Yushchenko）在「橙色革命」時不乏豪言壯語，但反貪運動只打蒼蠅不打老虎，鮮有觸碰腐敗高官；波羅申科是身家億萬的富商，但經濟改革卻也乏善可陳，甚至貪汙醜聞纏身。澤連斯基聲言要撼動寡頭勢力，怎不讓人生疑？他的親西方立場充其量是附和今天的民情而表態，烏克蘭與西方融合要有實質突破，絕不容易──烏克蘭經濟跟歐盟標準仍有一段距離，烏東地區和克里米亞等「凍結衝突」也阻礙它成為北約成員國。

　　更重要的是，德國和法國等傳統歐洲大國不願進一步與俄羅斯交惡，對歐盟和北約吸納烏克蘭甚有保留。當年波

羅申科上場，何嘗不是乘「獨立廣場革命」的親歐反俄之勢（尤其年輕人）？最後也落得慘敗下場，民情可恃多少，可思過半。

四、頓巴斯戰爭綁死烏克蘭

2019年聖誕節平安夜的前夕，俄羅斯總統普丁出席克里米亞大橋開通儀式，並乘坐首班列車穿過這座連接克里米亞和俄羅斯南部的鐵路橋。烏克蘭總統澤連斯基發表聲明批評這條鐵路和普丁訪問克里米亞是「俄方對烏克蘭主權和領土完整的嚴重侵犯」，是「克里姆林宮無視公認的國際法原則和準則」。

此前半個月他們才於巴黎首次舉行雙邊會談，雖然克里米亞不在議題之列，但跟法國和德國領袖一起發表的聯合公報同意重啟「諾曼第模式」去嘗試止息烏克蘭東部的戰火烽煙，可惜前景不明。俄烏之結，為何始終解困無期？

1.澤連斯基的讓步與失利

自2014年初起，親俄羅斯武裝份子佔據烏東頓巴斯地區的頓涅茨克和盧甘斯克，與烏軍持續爆發激烈衝突，至今已經導致超過1萬4千人喪生。烏克蘭政治素人澤連斯基曾經承諾要和平解決烏東頓巴斯戰爭，使他在2019年春的總統大選取得73%選票，壓倒性擊敗競逐連任的波羅申科。當選後他向俄國釋出善意，先後促成兩國互相交換囚犯和簽署「施泰

因邁爾模式」文本，為重啟2019年12月「諾曼第模式」四方會談鋪路。

俄、烏雙方曾簽署多項停火協議，但始終未能完全平息烏東衝突。德國前外長施泰因邁爾提出的停火倡議對俄國較為有利，故俄方視之為重啟四方會談的前設條件，而澤連斯基則因簽署協議而觸發國內大規模示威。在四方會談中，烏克蘭深感孤立無援，欠缺西方國家的實質支持，突顯了國際關係的現實一面。究竟普丁和澤連斯基在巴黎破冰會面，能否為緩和頓巴斯局勢帶來突破？

在過去數年，俄國和烏克蘭曾經多次就頓巴斯戰爭進行和談，當中法國和德國協助調解。俄、烏、法、德舉行「諾曼第模式」四方會談，曾於2014年9月在白羅斯首都明斯克簽署停火協議。《明斯克協議》列明烏克蘭將會重新掌控東部邊界、提早在烏東地區舉行地方選舉、賦予頓巴斯臨時的特殊法律地位等。然而，《明斯克協議》用詞模糊，結果雙方均違反停火協議、互相指責，使協議成效大打折扣。

此與同時，俄軍隨即展開地面攻勢，向頓巴斯步步進逼，使烏克蘭重返談判桌。由於在戰場失利，烏克蘭被迫接受條件更為嚴苛的停火協議。2015年2月，俄、烏、法、德四國簽署《新明斯克協議》，仔細地列明13項停火條款，包括將頓巴斯選舉變成烏克蘭重掌東部控制權的前設、頓巴斯的特殊法律地位永久生效而且寫進憲法內、烏克蘭東部將會取得更多自治權等。

隨著雙方再次破壞停火協議，時任德國外長施泰因邁爾

於2016年底嘗試打破困局，提出將《新明斯克協議》簡化。他建議由歐洲安全與合作組織（OSCE）監督頓巴斯舉行地方選舉，當選舉確認為公平、公正後，烏克蘭政府將特殊法律地位賦予頓巴斯，以換取烏東地區的管治權和邊界控制權。目前，接壤烏東地區和俄國的邊界仍然處於開放狀態，意味俄國可以自由調配軍隊和軍火至頓巴斯。

2.「施泰因邁爾模式」惹爭議

「施泰因邁爾模式」的爭議核心在於頓巴斯的特殊法律地位到底包含多大程度的自治權？這牽涉到烏克蘭的主權問題。莫斯科要求頓巴斯獲取全面自治權，對重大政策擁有否決權，例如在外交上阻撓烏克蘭加入歐盟和北約。頓巴斯全面自治為烏克蘭的主權埋下計時炸彈，間接容許莫斯科無止境地干預烏克蘭內政。烏克蘭民眾因而批評澤連斯基向俄國投降，觸發數千人於基輔示威。基於民情反彈，澤連斯基最終表示頓巴斯只能享有語言和跨境連接等特權，絕對不會牴觸有關自身主權的紅線。

另外，是雙方對頓巴斯特殊地位的有效期各執一詞。俄方要求烏克蘭修改憲法，確保特殊地位永久生效；烏克蘭則提出訂立臨時法例，將特殊地位的有效期設為3年，此後雙方再做談判。烏克蘭擔憂頓巴斯全面自治的先例一開，會觸發其他地區模仿，變相將烏克蘭聯邦化，長遠削弱基輔政府的管治權。

「施泰因邁爾模式」要求頓巴斯舉行地方選舉，但選舉

中各種執行細節仍有待商榷。頓巴斯舉行選舉前，澤連斯基要求烏東地區全面停火，先將俄軍及重型武器撤離當地，否則選舉無異於克里米亞公投——在槍桿子下進行投票，讓俄國操縱投票結果，難言公平選舉。其次，俄、烏雙方對頓巴斯選民資格的安排爭持不下——自烏東爆發戰爭後，逾150萬烏克蘭人逃離戰火，流亡其他地方，如何安全地把他們送回頓巴斯投票將成疑問；再者，莫斯科曾經宣布簡化頓巴斯居民獲取俄國護照的手續，使數萬當地居民擁有雙重國籍，他們的投票資格會否受到影響，也成疑問。

目前，烏克蘭人對頓巴斯的自治地位意見分歧，認為頓巴斯應被賦予自治權的只有23%，跟支持奮戰到底的受訪者相約。根據德國民調機構的調查，烏東居民對頓巴斯的前景取向劃分為四大陣營：享有自治地位的烏克蘭領土（31%）、不享有自治地位的烏克蘭領土（23.5%）、享有自治地位的俄國領土（18.3%）、不享有自治地位的俄國領土（27.2%）（Sasse & Lackner, 2019）。由此可見，當地居民較多看待頓巴斯為烏克蘭領土，與俄國的主旋律大相逕庭。

3.孤立無援的烏克蘭

縱使西方制裁使俄國面臨甚大的國際壓力，但是烏克蘭對解決頓巴斯戰爭同樣顯得孤立無援。美國對烏克蘭危機採取愛莫能助的態度，充其量對俄國實施經濟制裁，但無意進行軍事干預以協助烏克蘭重奪克里米亞。「通烏門」事件揭示川普政府不會無條件支持烏克蘭，兩國關係更像一筆枱底

交易。澤連斯基曾經提出希望美國和英國能參與和談，從而增加烏克蘭的談判籌碼，「通烏門」事件自然對烏方造成沉重打擊。值得留意的是，舉行巴黎四方會談翌日，川普毫不避諱地在白宮接見俄國外長拉夫羅夫。過往川普也曾經對普丁示好，提出與俄國修補關係，遭到各方抨擊，予人出賣烏克蘭利益的感覺。

法國方面，馬克宏總統顯得急於求成，隨時會忽略烏克蘭的利益。也許受到黃背心運動的困擾，馬克宏積極尋求外交突破，要突顯法國在歐盟的領導角色，亦嘗試與俄國和解。除了建議改革歐盟和成立歐盟軍隊外，馬克宏希望能夠化解頓巴斯戰爭，使他在歷史留名。早前馬克宏曾建議邀請俄國重組八大工業國組織（G8）集團，亦指西方國家孤立俄國是一個戰略錯誤，誤使俄國與中國結盟。

德國在和談扮演被動角色，對俄國解決頓巴斯戰爭的決心抱有懷疑態度。德國體諒烏克蘭的顧慮，故此梅克爾總理亦支持澤連斯基的呼籲，提倡對《明斯克協議》做出修改，但不獲俄國理睬。

4.「凍結衝突」綁死烏克蘭

四國在會談後同意全面停火、互換囚犯、4個月內再召開和談。然而這次和談可謂雙方各自表述立場，對解決頓巴斯戰爭其實無甚明顯突破。

澤連斯基的支持度在上任不久已然急跌，正耗費其政治資本。在四方會談中，他表明沒有出賣群眾，期望能回應國

內反對聲音，為他的民望止蝕。烏克蘭反對派一味批評澤連斯基不惜代價解決頓巴斯戰爭，出賣國家利益，但他們始終未能提出切實可行的替代方案。

　　基於軍事優勢和談判形勢，俄國主導四方會談，對頓巴斯維持現狀感到滿意。俄國目前將頓巴斯戰爭變成「凍結衝突」，以阻礙烏克蘭加入北約等西方組織，跟全面落實「施泰因邁爾模式」的結果不謀而合。更甚者，馬克宏和澤連斯基顯得急於求成，普丁在談判桌上自然佔盡上風。

　　在可見的未來，俄國和烏克蘭對主權的理解難以取得共識，頓巴斯戰爭難免僵持不下。儘管烏克蘭早已脫離蘇聯獨立，但俄國仍然視之為其附庸國。既然基輔選擇投入西方陣營，俄國索性利用克里米亞和頓巴斯戰爭破壞烏克蘭的主權力量（Allan, 2019）。於是，四方會談之後釋出善意和解除人道危機的安排，恐怕已經成為雙方的最大讓步。

五、刻赤海峽衝突

　　論及俄羅斯與烏克蘭關係，當然不能不談2018年11月下旬兩國爆發自克里米亞危機後最嚴重的軍事衝突。當時西方列強如美國、英國、加拿大等都齊聲譴責俄羅斯的侵略行為；美國總統川普甚至取消在阿根廷G20（20國集團）峰會上與普丁會面，意味著雙方就重大國際事務的商討將無限期押後；加拿大陸軍加入烏克蘭軍事演習，共同向俄國示威。不過，仔細考察情勢，或會令我們對俄國在克里米亞地區的

地緣戰略強勢看得更清楚，烏克蘭也應對西方列強的期望切實地調低。

11月25日烏克蘭2艘炮艇和1艘拖船從黑海港灣城市敖德薩駛到位於亞速海的馬里烏波爾（Mariupol）港口，途經刻赤海峽。俄方在克里米亞大橋附近開火攔截這些船艦，並扣留船上24名人員；時任烏克蘭總統波羅申科隨即宣布邊境地區實施軍事戒嚴30日，俄軍則在克里米亞迅速部署先進的S-400地對空導彈系統。雙方振振有詞批評對方行為違反國際法：俄國引用《聯合國海洋法公約》第19條和第21條，指摘「具敵意的」烏克蘭船艦損害其國家安全，並不屬於無害通過（innocent passage），聯邦安全局（FSB）甚至指稱烏克蘭船艦是非法入侵俄羅斯水域；基輔則根據《公約》第38條和第44條，所有船隻在國際海域享有過境通行權利，沿海國不應妨礙自由航行，強調烏克蘭船艦擁有海峽過境通行權，指斥俄國侵犯其船艦航行自由；烏克蘭海軍指揮部也表示事前已向俄方通報了是次航行計畫。俄國雖吞併了克里米亞，理論上掌握刻赤海峽領海權，不過俄國和烏克蘭早在2003年簽訂協議將刻赤海峽領海權平分予兩國，確保雙方的船能在海峽自由航行。故此，俄方行為有違背與烏克蘭簽訂的協議之嫌。

1.精密部署還是擦槍走火？

其實，刻赤海峽局勢隨著克里米亞大橋2018年5月建成後就逐漸升溫。大橋於2015年動工，將俄國和克里米亞連結

起來。大橋只有33米高，約20%大型烏克蘭貨船受影響，不能進出亞速海。大橋通車後，俄方就以保護大橋安全為由加強海軍部署，邊境部隊會要求通過海峽的烏方船隻停留待檢，從數小時到數天不等。不過一直以來雙方都能私下化解爭議，烏克蘭船艦經檢查後經海峽駛往亞速海；而且沒有明文規定俄軍檢查船艦的權限，所以雙方仍就這些新安排互相試驗對方底線。這次衝突似乎是「擦槍走火」，烏克蘭船艦做出挑釁，而俄軍反應過敏。若是俄方精密部署全心侵佔烏克蘭東部，俄軍應早已在邊境布防，肆意行動。

2.俄行動宣示海權空權克里米亞主權

　　然而，基輔的姿態縱然高調，但實際上對俄軍的開火和扣留行動無可奈何，反而讓俄國對外界傳達重要的國際政治訊息。衝突發生後，俄國用貨船封鎖刻赤海峽，又派戰機在上空巡邏，以實際行動宣示對海峽的領海權，往後能更名正言順地檢查駛進海域的烏克蘭船艦和其他軍事活動（Trenin, 2018）。俄國也把刻赤海峽領空權和克里米亞主權扣連起來，透過刻赤海峽衝突再次對克里米亞主權做強勢宣示。縱使烏克蘭和西方列強不承認克里米亞公投結果，但今後要從俄國手上奪回這片爭議領土，難上加難。

　　烏克蘭與俄羅斯的國力差別太大，手上籌碼有限，只能尋求西方支援，卻再次體驗政治現實的殘酷。西方國家除口頭譴責外，缺乏實際行動支持烏克蘭。基輔曾提議歐盟實施新一輪制裁以懲罰俄國，但德國和法國都對此極有保留；反

之，德國總理梅克爾宣布會在諾曼第四方會談框架下居中斡旋，期望只以外交手段應對爭端。基輔也期望藉此次衝突令美國相信在烏克蘭設立軍事基地的必要，但華盛頓顯然冷待此議。

縱使俄、烏矛盾升溫，但烏東地區戰火重燃，甚或像波羅申科那樣危言聳聽般會「全面開戰」都沒有發生。從戰略利益考量，俄國傾向維持現狀多於入侵烏克蘭。俄國須建立分隔西方的緩衝區，而不是花費大量資源來復興蘇聯或俄羅斯帝國。維持烏克蘭現狀，已可避免烏克蘭加入西方陣營。俄國透過不同手段向烏克蘭施壓，並使其面臨經濟困境，烏克蘭就成為歐盟重大的經濟包袱（當然，代價就是烏克蘭人民受苦）。俄國也利用克里米亞和烏東地區衝突，阻礙烏克蘭加入北約，因為北約不會接受正處於內戰和有領土爭議的國家成為成員國。

3.烏克蘭須避免重蹈喬治亞覆轍

烏克蘭軍力難與俄國匹敵，不會以卵擊石。克里米亞危機和刻赤海峽衝突均讓烏克蘭看清西方支援的底線，後者或會向烏克蘭提供外交或經濟援助，但不願與俄國軍事交鋒。北約近年雖在黑海地區加強對俄威懾，但出兵支援前蘇聯加盟國對抗俄軍的機會成疑。波羅申科應該知道烏克蘭要避免重蹈另一個前蘇聯加盟國喬治亞的覆轍——美國和北約在2008年喬治亞戰爭中袖手旁觀，並無派兵支援喬軍。其時喬治亞親西方的總統薩卡什維利（Mikheil Saakashvili）一度高

佔美國對喬治亞的支持，展開軍事行動控制分離地區南奧塞梯，結果遭俄軍強烈還擊，最終使俄國承認南奧塞梯和阿布哈茲獨立。

4.「反俄牌」做政治籌碼

其實基輔在刻赤海峽衝突中的高姿態，多少牽涉波羅申科的個人政治利益考量。烏克蘭於衝突後即將舉行總統選舉，波羅申科的選情險峻。莫斯科質疑波羅申科利用事件提升民望及續任機會，波羅申科以「軍隊、語言、信仰」為競選口號，誇大俄軍威脅（例如聲稱近來部署在烏克蘭邊境的俄軍坦克比過去多3倍，似乎都沒有確實證據），符合其強硬反俄路線，期望吸納更多選票。曾經有分析亦懷疑波羅申科會藉戒嚴令使總統大選延期舉行，畢竟在2014年克里米亞危機及烏克蘭東部爆發戰爭期間，烏克蘭均沒有宣布戒嚴。波羅申科當時大張旗鼓，自然惹人懷疑，結果也是落敗告終。

六、喬治亞國會衝擊：親俄與反俄的拔河

2019年夏天香港爆發「反逃犯條例運動」，不知有多少抗爭者注意到差不多在同一時間，喬治亞首都第比利斯（Tbilisi）也爆發甚為相似的示威和議會衝擊？

1.民眾衝擊國會：反政府還是反俄？

2019年6月20日俄羅斯國會議員加夫里洛夫（Sergei Gavrilov）獲邀到訪喬治亞國會，激起反對派號召群眾在國會大樓外集結。身為東正教議會大會（IAO）的主席，加夫里洛夫當日坐在議長座位上主持年度會議，並用俄語發言，使喬治亞人感到侮辱。

接近凌晨時份，部分示威者試圖衝擊國會大樓，防暴警察發射橡膠子彈和催淚彈驅散人群，場面血腥暴力，至少240人受傷（包括警察和記者），有兩人失去眼睛。人權觀察批評警方在沒有警告的情況下開槍，有使用過分武力之嫌。

衝突導致至少300人被捕、121人被控擾亂公共秩序。國會議長科巴希澤（Irakli Kobakhidze）問責請辭，執政黨承諾翌年國會大選改行比例代表制，令到「我們將有一個現有政治黨派全都能夠得到代表的議會」。

不過，示威者在國會外連續多晚集會，要求政府答允更多訴求，包括革除內政部長、提前舉行國會大選和釋放被捕示威者，否則不離不撤。部分示威者戴上單邊眼罩，上面寫著「20%」，抗議警方濫用武力之餘也抗議俄國侵佔喬治亞20%領土。

加夫里洛夫到訪似乎是這嚴重政治衝突的觸發點，但具體成因之辯依然莫衷一是：喬治亞總統祖拉比什維利（Salome Zurabishvili）批評是俄國在背後策畫事故；反對派

則抨擊政府是施政不當使然。究竟喬治亞政治危機的深層原因是外憂還是內患？

2.俄國：背後煽惑還是落井下石？

　　其實，加夫里洛夫不屬於執政的統一俄羅斯黨，在俄國政壇名不經傳；不過，他曾投票支持莫斯科承認南奧塞梯（South Ossetia）和阿布哈茲（Abkhazia）從喬治亞獨立，認同普丁於2008年軍事介入喬治亞。這次喬治亞政府錯估形勢，未有阻止加夫里洛夫到訪，惹來過萬群眾聚集抗議。他坐在議長座位上用俄語主持大會，觸發民眾對俄軍入侵的歷史創痛。

　　當年隨著蘇聯解體，南奧塞梯和阿布哈茲藉勢宣布獨立，分別於1991年和1992年與喬治亞交戰。內戰由俄國介入「調停」，以獨聯體名義派遣維和部隊進駐，令南奧塞梯和阿布哈茲成為事實上（de facto）的獨立國家。喬、俄兩國於2008年8月爆發「五日戰爭」，時任總統薩卡什維利打算在南奧塞梯收復失地，引來俄軍入侵還擊，承認南奧塞梯和阿布哈茲獨立，喬治亞則與俄國斷絕外交關係。

　　現任執政黨主席伊萬尼什維利（Bidzina Ivanishvili）多次批評薩卡什維利當年的極端反俄路線，故現屆政府在外交上主張兩條腿走路：既尋求加入歐盟和北約，又推動喬俄關係正常化。近年兩國的經貿關係重上軌道，俄國躍為喬治亞的第二大貿易夥伴，也是喬治亞紅酒和農產品的主要出口市場，2018年雙方貿易額達13.7億美元。旅遊業對喬治亞本地

生產總值貢獻近8%，2018年訪喬遊客達870萬當中，俄國旅客就佔17%。

不過，經貿利益並不足以消除喬治亞人民對俄國的敵視，根據國際共和研究所的調查，85%受訪者仍視俄國為政治威脅（IRI, 2018）。

即或如此，卡內基國際和平基金會高級研究員相信，俄國因素只是這次事變的催化劑，卻不是主因（De Waal, 2019）。俄國真正介入事件，應從普丁的禁飛令說起——在喬治亞國會遭受衝擊之後，普丁頒令從2019年7月初起禁止俄航飛往喬治亞，同時俄國食品安全監管機構下令海關加強抽檢從喬治亞進口的紅酒。克里姆林宮是試圖利用經濟手段左右喬治亞國政，其實不乏前科，早在2006年就曾經對喬治亞農產品實施禁運，回應薩卡什維利的親美親西方政策。

莫斯科致力阻撓喬治亞加入歐盟和北約，這也是2008年爆發喬治亞戰爭的主因——藉南奧塞梯和阿布哈茲等具爭議領土去牽制喬治亞加入北約。近年第比利斯大力爭取撤銷相關禁運，而俄國也逐步放寬對喬治亞農產品的進口限制。可惜俄喬關係緩和相當短暫，而克宮對這次衝擊的回應，或將進一步動搖祖拉比什維利的管治威信。

3.政客「成王敗寇」的歪風

喬治亞夢想黨（Georgian Dream）自2013年開始執政，唯施政表現每況愈下。美國國際民主研究院（NDI）負責的民調顯示，56%受訪喬治亞民眾認為政府施政表現差劣，

46%認為其施政方向錯誤，夢想黨的支持度跌至21%，黨主席伊萬尼什維利的負面評價達39%，成為喬治亞最不受歡迎的政治人物（Thornton & Turmanidze, 2019）。

伊萬尼什維利是喬治亞首富，雖無任何官職，但一直在幕後操縱由他創立的夢想黨。由於他有權無責，惹來民眾對政府不負責任、與社會脫節等批評。伊萬尼什維利與俄國有密切商貿往來，反對派批評其對俄政策過於軟弱。夢想黨未能兌現競選承諾，經濟改革成果有限，人民對高失業率、物價上漲、貨幣貶值等經濟困境愈見不滿；與此同時，政府屢次爆出黑金、貪汙醜聞，進一步打擊管治威信。

夢想黨施政不善難辭其咎，但這次示威其實反映喬治亞面臨更嚴峻的政治崩壞。夢想黨在2012年的國會選舉擊敗薩卡什維利代表的統一民族運動黨成為執政黨，兩年後第比利斯地區法院控告薩卡什維利在職期間濫用權力，迫使他逃亡到烏克蘭。薩卡什維利抗辯這起訴是政治檢控，事件曾一度引起美國和歐盟關注，但諷刺的是早於2003年他藉「玫瑰革命」奪權，指控議會選舉舞弊，動員群眾強迫時任總統謝瓦爾德納澤（Eduard Shevardnadze）下台，到自己當上總統之後正是利用行賄罪名檢控和充公前朝官員的資產。

不過，謝瓦爾德納澤有可能正是這種「冤冤相報」政治倫理的始作俑者——他在軍事政變推翻喬治亞獨立之後首任總統加姆薩胡爾季阿（Zviad Gamsakhurdia）而掌權，從政以來樹敵眾多，兩次遭遇暗殺，故沿用蘇聯專制管治手段鏟除異己。

4.親俄政客與反俄民眾

自從脫離蘇聯獨立之後，喬治亞飽歷政治動盪。它的政制參照歐洲議會改革，從1995年憲法訂定的總統制改行半總統制（2004年），2010年又改為半議會制，到2017年再修憲改行議會制。

更讓人憂慮的是政壇菁英之間的權鬥從未間斷，從謝瓦爾德納澤、薩卡什維利到伊萬尼什維利，都操弄群眾運動來滿足個人政治野心，奪權之後就推倒前朝政策和清算遺臣，但對政黨健全發展、法治、公民參與建設等正事卻乏善可陳。在缺乏深層政治改革的困局下，各屆政府組閣淪為新瓶舊酒，施政朝令夕改，管治效能難有提升。最終，政府逐漸背離群眾，走向專制，釀成一波又一波社會運動。

夢想黨主張改善對強鄰俄羅斯的關係，但卻低估群眾的反俄情緒，自然不得民心；這次更似乎忘記歷史教訓重蹈前朝覆轍，利用武力鎮壓示威運動——薩卡什維利曾先後在2007和2011年鎮壓反政府示威，造成民間強烈反彈，使他即使在濫用行政資源和縱控選舉的詭計之下依然在大選中被反對派擊敗。現在輪到夢想黨對內缺乏民眾認受，對外被俄國咄咄進逼，施政勢將舉步維艱，甚或難保執政大位。

七、哈薩克：中資的「光明之路」？

執掌哈薩克接近30年的總統納札爾巴耶夫2019年春天突

然宣布辭職，國際輿論界譁然。作為跨越冷戰時代前蘇聯最後一位獨裁者，他不一樣的權力交接，對內的政治轉型以至中亞的地緣政治局勢，點亮了什麼洞見？

1.「光明之路」：中資的切入點？

英國地緣政治理論大師麥金德（Halford Mackinder）提出「心臟地帶」說，強調誰能控制「心臟地帶」，就能稱霸世界。哈薩克正正位於「心臟地帶」的中心，北接俄羅斯，東連中國，國土橫跨歐亞兩洲；它的石油資源豐富，蘊藏量全球第9，生產量全球第11。哈薩克充滿地緣政治價值，成為強國必爭之地。有見及此，多年來哈國都奉行「多向量外交」，在強國之間保持中立，務實地爭取國家利益。

哈薩克與俄羅斯的軍事和經濟合作關係至為緊密。哈國是集體安全條約組織（CSTO）成員國，一旦受到攻擊，俄羅斯承諾會即時做出軍事回應；同時，兩國都參與上海合作組織（SCO），共同應對恐怖主義、分裂主義和極端主義威脅。經濟上，哈國依賴能源出口（佔其出口73%），85%石油出口售往歐洲，當中大部分經過俄國輸油管。俄國是哈國的最大進口國，佔其總進口額的三分一，主要為機械設備和糧食。

近年哈薩克經濟備受油價低迷和俄國經濟欠佳拖累，增長逐漸放緩。哈國致力加強與中國建立經貿關係，刺激經濟。中國對能源需求殷切，向哈國鋪設新輸油管，為其能源出口提供替代市場，減輕對俄國的依賴。

自2013年習近平在哈薩克提出「絲綢之路經濟帶」倡議，中、哈關係變得更加緊密。納札爾巴耶夫於2014年提出「光明之路」計畫，致力改善國內基建，與「一帶一路」相輔相成，期望「一帶一路」建造跨越歐、亞兩洲的陸路運輸，有助推動哈薩克經濟轉型，減低對石油工業的依賴。

除了與中、俄兩國合作外，哈國也跟西方國家保持良好關係。歐盟是哈國的最大貿易夥伴，佔後者出口的三分一；哈薩克的「外國直接投資」的主要來源同樣為歐盟，佔總額多於一半。另一方面，哈國2018年向美國公民提供免簽待遇入境，亦容許美軍使用裏海的阿克陶（Aktau）和庫雷克（Kuryk）兩個港口，以把物資運往阿富汗。

2.「多向量外交」下的心臟地帶

值得一提的是，納札爾巴耶夫的地緣政治方略也不是對列強唯唯諾諾之流。例如歐亞經濟聯盟一般被國際輿論界視為普丁要恢復昔日蘇聯盛世的憑藉之一，但它的構思其實源自納札爾巴耶夫1994年的莫斯科國立大學演講，著重於聯繫歐洲和亞洲經濟。

2014年，哈薩克制定「光明之路」計畫，致力推動國內基建發展，固然歡迎來自中國的投資，但當2016年中國的投資（尤其是用於租賃土地方面）觸發了哈薩克民間嚴重的反中抗議運動，納札爾巴耶夫當機立斷地凍結相關的土地法改革，甚至把視為親中的總理馬西莫夫解任，此後更有計畫地推展跟日本和韓國的經濟關係以做緩衝。強人離任後，中亞

這股帶有特立獨行作風的力量能否久活，惹人關注。

納札爾巴耶夫辭職後，安排參議院議長托卡耶夫（Kassym-Jomart Tokayev）暫代總統之職，他亦在稍後舉行的總統大選中獲勝。托卡耶夫畢業於莫斯科國立國際關係學院，曾被派往前蘇聯駐北京大使館工作，精通中、英、法等多國語言，操作「多向量外交」的能力相信不比納札爾巴耶夫為差。問題是，經歷30年獨裁統治之後，繼任者能夠有一個怎樣的制度支撐、穩定牢固地掌握多少實權？

納札爾巴耶夫在1989年成為當時還是蘇聯加盟共和國的哈薩克的共產黨第一書記，1991年哈薩克獨立後開始擔任總統。他的施政保留蘇聯傳統，鞏固鐵腕管治，推崇個人崇拜，拒絕政治民主化。早於2010年，哈薩克憲法奉納札爾巴耶夫為「民族領袖」，使他享有檢控豁免權和最終決策權。2018年5月，議會通過法案，把國家安全理事會變成權力最大的行政機構，由納札爾巴耶夫終身擔任主席一職；他領導的祖國光明黨（Nur Otan）在哈薩克是一黨獨大，包攬議會近80%議席。在無實質競爭對手情況下，他於1999、2005、2011和2015年4次高票連任總統。可以預見，退位後的他，將如晚年鄧小平在中國、李光耀在新加坡，成為「太上皇」，繼續主宰重要政策。

納札爾巴耶夫掌政30年來鎮壓異見人士，利用政治檢控和暗殺，澈底消滅反對派（他長女的前夫Rakhat Aliyev曾涉嫌謀殺政敵而遭通緝）。近年，哈薩克「反對勢力」主要來自內部管治階層和商界菁英，這些管治菁英之間的權力內鬥

屢見不鮮，常於幕後進行。不過，哈國政制把權力都集中於他，無論誰繼承，都很可能缺乏相當的政治力量去年平息內鬥。托卡耶夫是傳統舊政治勢力的代表，到納札爾巴耶夫百年歸老之後，其他持份者和利益團體會否繼續支持他，勢成疑問；納札爾巴耶夫的長女達莉佳（Dariga Nazarbayeva）可能是挑戰者之一，她充滿政治野心，剛擢升為參議院議長，憲法上為總統以外權力最大的政治職位；哈國於2017年修憲，對總統權力稍作削弱，規定由議會負責組成內閣，專注改善經濟，因此總理Askar Mamin也力足左右大局；另一位不應輕視的是國家安全委員會主席Karim Massimov。

3.辭職或為中亞國家起示範作用？

　　納札爾巴耶夫任內辭職，算不算是為中亞國家、俄羅斯及其他獨裁國家提供「示範作用」？此前，中亞五國鮮有獨裁領袖和平轉移政權——烏茲別克前總統卡里莫夫（Islam Karimov）掌權27年，2016年病逝；同年任內病逝的還有掌權近20年的土庫曼前總統尼亞佐夫（Sapurmurad Niyazov）；塔吉克總統拉赫蒙（Emomali Rahmon）自1994年掌權至今已近四分一世紀；只有吉爾吉斯分別於2005年和2010年爆發革命，政權數次更迭。納札爾巴耶夫辭職，雖說是創中亞先河，但含義何在？

　　其實他年事已高（78歲），退位屬遲早的事，只是時機惹人揣測。有評論認為他特意在波斯新年（Norouz）前宣布辭職，讓國民利用5天假期好好消化這重大政治變革，也意

味著新年帶來新的開始。但意味更深的猜想是，他跟俄羅斯
前總統葉爾欽相似，因健康理由辭職然後欽點承繼人——當
年葉爾欽的承繼人正是今天的強人普丁。

　　普丁的總統任期將於2024年屆滿，外界預料他將繼續
設法掌權，納札爾巴耶夫的退位大計是否給普丁提供了參考
——修憲另立國家安全理事會和改行議會制，自己擔任執政
黨主席，都是「永續普丁」的選項嗎？至於2019年6月舉行
的哈薩克總統選舉觸發大規模反政府示威，示威者抗議選舉
假民主，會否為普丁帶來什麼啟示？

八、波羅的海小國的禦俄之術

　　1989年適逢《蘇德互不侵犯條約》（Molotov-Ribbentrop
Pact）簽署50週年，200萬愛沙尼亞、拉脫維亞和立陶宛人
組成逾600公里人鏈，是為「波羅的海之路」行動，爭取三
國脫離蘇聯獨立，名留青史。它們與俄羅斯的關係或可應用
「中心－邊緣模式」去思考，這裡回顧三個小國的復國之
路，並分析它們透過加入西方安全體系和重塑國民身分認
同，以抵禦強鄰俄國威脅。「絲綢之路經濟帶」旨在暢通中
國與歐洲，必經波羅的海，相關認識不可或缺。

1.失而復得的國家

　　俄羅斯帝國自18世紀初起長年統治波羅的海國家。隨
著帝俄於一戰大戰之後瓦解，波羅的海三國於1918年趁機獨

立，享受過短暫自主。1939年史達林與希特勒祕密達成《蘇德互不侵犯條約》，重新劃定東歐的政治版圖，讓納粹德國入侵波蘭，而蘇聯則吞併波羅的海三國和芬蘭。自此，三國於1940年再被蘇聯佔領，納入為加盟共和國。

發生「波羅的海之路」之後，三國的民主之路未見平坦。支持獨立的人士翌年在選舉中獲勝，三國宣布將會再次獨立。為了扭轉形勢，蘇聯實施經濟封鎖、能源禁運和軍事介入。1991年1月蘇軍進入立陶宛首都維爾紐斯，攻佔電視塔、國會大樓等地標，造成14人死和702人傷。

另一方面，拉脫維亞民眾在首都里加設置路障，保護重要建築物和主要幹道，阻止蘇軍推進。基於國際輿論和國內反對派的壓力，蘇聯未有進一步武力鎮壓，波羅的海的局勢稍微緩和。隨著蘇聯領袖戈巴契夫失勢和蘇聯崩解在即，三國於1991年重新恢復主權地位。

2.投向西方安全體系

自俄軍於1994年完全撤離之後，三國採取的外交方針從中立變為致力與西方陣營融合。作為小國，三國只能借助《北大西洋公約》組織的安全保障以抗衡俄國的軍事威脅。早於1990年代中期，三國已制定加入北約的目標，但西方國家對此抱有懷疑態度（Corum, 2018）。為了成為北約成員國，三國積極推動民主發展、市場經濟、文人統治、與鄰國保持良好關係等加盟條件。除此之外，三國對美國的反恐活動不遺餘力，派兵協助北約部隊在阿富汗和伊拉克的軍事行

動，剿滅塔利班和蓋達組織。

在北約第二輪「東擴」期間，三國獲得美國支持，終於2004年納入西方安全體系。《北大西洋公約》第5條是集體防禦條款，承諾當任何成員國受到攻擊，其他成員國必須做出回應。由此，俄國入侵波羅的海的風險減輕。

波羅的海三國的《國家安全戰略》，均界定俄國為首要安全威脅。三國毗鄰波羅的海，具備重要戰略價值，使俄國一直虎視眈眈。礙於北約的軍事運輸和物流體系，若然戰爭在波羅的海爆發，俄國勢將享有短暫的軍事優勢。根據美國智庫蘭德公司（RAND Corporation）的研究，俄軍預計只需要36至60小時就能長驅直進愛沙尼亞首都塔林和拉脫維亞的里加（Shlapak & Johnson, 2016）。

相對而言，北約派遣1萬3千名「矛頭部隊」（Spearhead Force）到波羅的海需時7天，調配2萬7千名北約反應部隊（NATO Response Force）需要大約30天。假如俄國要攻佔三國，必須速戰速決，戰事一旦延長，俄國的優勢將會驟減（Kyle, 2018）。

近年俄國在前蘇聯地區的軍事行動日益頻繁，三國的安全響起警號，逼使北約加強在當地的軍事部署。其實，三國一直警覺俄國威脅，但歐美國家要待至2008年喬治亞戰爭和2014年烏克蘭危機才如夢初醒。烏克蘭危機之後，三國的國防開支持續急升（NATO, 2019），成為少數國防預算佔本地生產總值高達2%的北約成員國。同時，立陶宛恢復徵兵制，強制全國國民報服兵役。2016年北約宣布在波羅的海地

區部署4個戰鬥群，總兵力達3千至4千人，左右俄國入侵的盤算和可能性。目前，英國派遣1千名士兵駐守愛沙尼亞，而拉脫維亞和立陶宛也有相同數量的加拿大和德國軍隊進駐。

3.防微杜漸：人口與語言

相對於全面軍事入侵，俄國較可能以「混合戰」（Hybrid war）方式侵犯波羅的海三國。在喬治亞戰爭和烏克蘭危機，俄國以保護僑民為名出兵，使三國提心吊膽。在史達林的人口轉移政策下，波羅的海人民被流放到西伯利亞，同時將俄國人移居三國。

基於歷史因素，目前三國就住有不少俄裔人口，佔拉脫維亞總人口的25.6%、愛沙尼亞的24.8%和立陶宛的5.8%。愛沙尼亞的東維魯縣（Ida-Viru）與俄國接壤，俄裔人口佔73%，隨時可能變成烏克蘭的頓巴斯和克里米亞；拉脫維亞邊境地區拉特加爾（Latgale）的俄裔人口也高達40%，同樣是俄國入侵的高危地帶。

在1990年代初期，為確保憲法和重要政策制定不受俄國干預，愛沙尼亞和拉脫維亞的人口政策充滿民族主義色彩。立陶宛將公民權自動授予所有居民，但愛沙尼亞和拉脫維亞的公民身分則需要通過多重關卡認證，人口政策列明只有在1940年前在當地出生的人及其後裔才可以自動獲得公民權，否則需要申請歸化，或成為非公民。成功歸化的申請人除了要居住一段規定的時間之外，還要通過當地的語言和歷史考試等。

當時愛沙尼亞和拉脫維亞有近三分之一人口變成非公民，大部分為俄裔或俄語人口；他們沒有投票權和參選權，不得從事特定職業，例如公務員和警察。2004年加入歐盟後，三國放寬歸化程序，使非公民的數量大幅減少，也促進種族共融的社區。愛沙尼亞的非公民從1992年的32%降至2016年的6.1%，他們大多視愛沙尼亞為家，對當地政府效忠。

波羅的海三國大力推廣本地語言和釐清歷史事件，旨在重塑國民的身分認同（Lamoreaux, 2014）。除了將俄語從官方語言中剔除之外，波羅的海國家設立當地語言的考試和培訓系統，也立法要求俄語學校逐漸改以母語授課。時至今日，年過40歲的波羅的海人民仍會說流利俄語，但年輕一代慣用母語和英語溝通，跟國際接軌。

除此之外，三國的歷史學家造訪蘇聯統治時期的政治受害者，記錄佔領時期的暴行。他們否定蘇聯佔領波羅的海國家的合法性，也推翻史達林指責波羅的海人民為納粹服務的論調。三國政府致力還原歷史真相之餘，也將蘇聯時期興建的抗戰紀念銅像遷移。

波羅的海三國的國力跟俄國不可同日而語，但三個小國利用各種途徑保障國族安全，包括加入北約以有效阻嚇俄國軍事入侵，也用心改動國內的人口和社會政策去重塑國民身分認同，抵擋強鄰的「軟實力」攻勢。

九、小結

俄國對各個歐亞國家「威迫利誘」，但至今未竟全功，為中國推動「絲綢之路經濟帶」打開缺口。在烏克蘭危機的負面衝擊下，歐亞盟的成立可謂生不逢時，發展空間受到嚴重侷限，迫使成員國要求加強與中國合作。

作為歐亞盟的成員國，白羅斯對「俄白聯盟」顯得不情不願，盧卡申科擔心聯盟削弱其管治，積極尋求外交突破，跟中國共建巨石工業園就是顯例。烏克蘭新總統澤連斯基嘗試向俄國釋出善意，和平解決烏東頓巴斯戰爭，卻引起民間強烈反彈，兩國復修關係談何容易？烏克蘭推行私有化改革，吸引中資注意，卻同時惹來美國政府批評。儘管「五日戰爭」發生逾10年，喬治亞的反俄情緒依舊高漲，政府對俄軟弱如同政治自殺，兩國關係正常化幾近不可能。近年喬治亞與中國加強經貿往來，反而促使歐美國家加強投入第比利斯。歐亞盟的概念源自哈薩克強人納札爾巴耶夫，其對歐亞融合的志向不容置疑，但領袖權力交接衍生潛在派系鬥爭，勢必衝擊聯盟穩定。波羅的海國家未被納入歐亞融合計畫，索性選擇加入西方陣營，對俄國威脅極度敏感。

俄國主導的歐亞融合大計未能牢牢控制區域諸國，作為獨立主權國家，歐亞國家對區域融合憂慮甚多，恐懼俄國昔日的帝國野心。但與此同時，俄國視歐亞區域為其後花園，不容許其他勢力染指，正是近年它與西方交惡的根本原因。

歐亞國家要麼嘗試在東西之間左右逢源，要麼嘗試投入西方
陣營的懷抱。中國「絲綢之路經濟帶」為歐亞國家帶來新選
擇，使它們在俄國和西方以外尋找新夥伴。俄國不得不反思
其歐亞戰略，思考外交手段是否太硬、如何善加利用文化、
地緣優勢和歷史遺留的軟實力。

第四章

「大歐亞想像」軟制衡「一帶一路」

　　「大歐亞」是地緣政治概念，泛指整個歐亞大陸板塊的共同空間，由非西方國家和組織主導。它重新演繹歐亞概念，將非歐非亞變成亦歐亦亞、把排他性改為包容性。從地圖上看，俄國首都莫斯科位於歐亞大陸板塊的中心，東接亞洲、西連歐洲，正說明「大歐亞」體系以俄國為中心。俄國將會扮演「搖擺國」的角色，與歐洲和亞洲兩大勢力並駕齊驅。長遠而言，「大歐亞」和太平洋兩大陣營將互相抗衡，預示國際局勢最終不再是單極體系。

　　這構想的願景雄心勃勃，但近年俄國與西方關係裂痕不少，結果整個大戰略難免有重亞輕歐之勢。「大歐亞」包含「一帶一路」，也是對中國倡議的軟制衡，頗有戰略意味。雖然俄、中兩國加強合作，進一步提升戰略夥伴關係，但面對國力不對稱、官熱民冷的氣氛、在中亞的權力競爭等問題，暗湧潛行。

　　另一方面，俄國致力與其他亞太國家建立關係，構建更完整的亞太戰略。俄國與印度長年保持國防合作，也嘗試在印度和中國之間的紛爭當中有所作為。普丁和安倍晉三試圖解決北方四島爭議，為俄日關係正常化鋪路；儘管實際成果

尚須時間醞釀，但普丁與金正恩舉行峰會有助提升兩國的國際地位，都會令中國在東北亞的絕對優勢出現變化。俄國與東協提升雙邊關係，期望在東南亞充當美、中之外的第三股勢力。「大歐亞」取得成功，對中國推動「一帶一路」是喜是是憂？

一、俄中戰略夥伴關係：同床異夢

2019年6月初習近平應邀到俄羅斯進行國事訪問，適逢中、美矛盾升溫，國際輿論熱議習近平大有「聯俄抗美」之意。此行精句甚多，包括習近平稱普丁為「最好的知心朋友」，「經常愉快回憶與普丁每一次交往」；官方新華社也特別強調聯合聲明中的「新時代全面戰略協作夥伴關係」是將兩國關係提升到前所未有的高度。我們何不務實、具體地審視俄中關係在可見未來的樂觀性？

1.政治合作，軍事不結盟

儘管俄國和中國常被塑造成修正主義國家，顛覆當前國際秩序，但兩國外交政策體現傳統主義，將國家主權奉為至高無上。對於西方國家近年倡議「國家保護責任」（Responsibility to protect）、人權高於主權等提法，俄、中都不以為然，並重提1648年《威斯特伐利亞條約》的主權平等、不干預內政等原則。

兩國也願意容忍國際上的威權政治，這在它們的聯合

國表決中表露無遺：美國惠頓學院政治學教授珍妮・威爾森（Jeanne Wilson）的研究透露，俄國和中國在聯合國的投票紀錄近乎一致；自2000年以來俄國在安理會共行使21次否決權，當中中國12次棄權、9次投否決票；美國曾提出譴責敘利亞和委內瑞拉人權狀況的議案，遭俄、中阻撓通過（Wilson, 2019）。作為安理會常任理事國，俄、中視之為處理國際事務的唯一合法國際機構，確保兩國利益得到照顧。俄國和中國尊重各自的「勢力範圍」，有時會互相提供政治支持。2014年聯合國大會動議譴責俄國吞併克里米亞，北京對此不置可否，投下棄權票。在朝鮮核問題上，莫斯科支持中方倡議的「雙暫停」方案，要求平壤暫停核試以換取美、韓暫停舉行大型聯合軍演。2019年起香港爆發「反修例運動」，俄國跟隨中國官方口徑，批評之為顏色革命，並藉國營電視台節目《今日俄羅斯》（*Russia Today*）大打輿論牌。

軍事合作上，俄方曾經向中方出售多款先進武器裝備，大幅提升解放軍的作戰水平。但兩國的軍火交易自2006年停滯不前，主因是俄方不滿中國解放軍進行逆向工程研究，加上中國本土製造軍備的能力大幅提升，令俄方顧慮漸多。兩國的年均軍火貿易額從2005年的32億美元急速下跌至2018年的8億5,900萬美元；直至烏克蘭危機以後，俄國才恢復向中國售賣頂級武器，如S-400防空導彈和蘇-35戰機。有趣的是，俄國也將相同水平的軍火售予中國的宿敵，包括印度、越南及其他東南亞國家，正是要產生互相制衡的效果。2018年中國首次獲邀參加俄國「東方－2018」內部軍演，兩國軍

事合作更進一步。莫斯科卡內基中心的加布耶夫表示，這反映俄國不再視中國為軍事威脅，也意味著俄、中兩國將共同應對西方的攻擊（Gabuev, 2018）。不過，兩國政府排除軍事結盟的可能性，視之為過時概念，阻礙兩國發展。

2.經濟互補的迷思

能源合作方面，中石油集團與Gazprom於2014年簽署4千億美元的天然氣交易協議。長年以來，俄國能源企業謀求開拓亞洲市場，尋找歐洲市場的替代，從而獲得更多國際談判的籌碼。然而，俄方認為項目資本回報率偏低，而中國擁有眾多能源進口來源，「西伯利亞力量」天然氣管道計畫經歷超過10年的談判依然拉鋸不息。英國的國際戰略研究所透露，兩國政府最終以行政壓力和經濟補貼迫使兩間企業接受經濟效益成疑的協議，以達致政治目的（Charap, Drennan, & Noël, 2017）。在貿易層面，兩國貿易額於2019年突破1千1百億美元，但克里姆林宮對貿易結構不平等甚為不滿：中國主要向俄方進口天然資源，而俄國多向中方購入機械產品，惹來剝削之嫌。

俄國和中國的經濟差距不斷擴大，引起雙方關係不對等的爭議。根據世界銀行的數字，2019年中國的本地生產總值為13兆600億美元，足足是俄國的8倍以上（World Bank, 2020a）。中國近年成為俄國最大貿易夥伴，而俄國僅是中國的第十大貿易夥伴。這雖然不足以成為關係決裂的導火線，但也觸發俄國人面臨「脫歐入亞」的身分認同危機。俄

方逐漸懂得從政治層面看待與中國的關係，注意到中方在國際事務上有求於己，試圖平息自身的不平衡心理；北京也做出適度妥協，避免落井下石，減輕普丁領導班子的不安。

3.同床異夢的拍檔

即或如此，兩國能否長期維持戰略夥伴關係，還是應該審慎觀之。普丁說當前的俄、中關係是歷來最好，既是美言，也不要無視那半世紀滄桑況味：1960年代蘇中嚴重決裂，從口誅筆伐至兵戎相見；1970至1980年代蘇聯在冷戰中漸次落敗，跟中國備受美國分化不無關係；蘇聯解體之後俄國前總統葉爾欽全盤西化，俄中關係再度冷卻；普丁上台後提倡歐亞主義，加上後來的烏克蘭危機，使兩國重新走近。

儘管俄國和中國都反對西方霸權，但兩國其實抱持截然不同的世界觀。俄、中走近源於他們不滿當前的單極國際秩序，旨在推翻美國的世界霸主地位。不過，中國眼中的「後西方」世界秩序是中、美共治（G2），也是習近平提出的中、美「新型大國關係」；相對而言，普丁期盼多極世界秩序，讓俄國與美國、中國等平起平坐。

2019年6月習近平訪俄之行期間，雙方在聲明之中和言談之間重複提著「高度的政治互信」，其實到底是實情還是心結所在？在共同利益基礎上兩國是有合作之意，但軍事結盟則難以期許。事實上兩者都有「大國」的盤算，也特別重視跟美國的關係，俄、中軍事結盟恐怕會奪去外交靈活性，不利自身的發展。目前北京可以不表態支持俄國出兵喬治亞

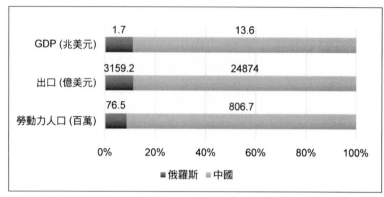

俄中經濟實力不對等（資料來源：World Bank, 2020a, 2020b, 2020c）

和吞併克里米亞，莫斯科也可以向印度售武、跟越南在南海開發油田。合則來，不合則去，但盡量緩和對方憂慮，相信是俄、中關係的新常態。

二、俄中關係官熱民冷

俄羅斯與中國建交70週年，兩國聲稱建立「新時代全面戰略協作夥伴關係」，又有謂普丁與習近平私交甚密。根據美國皮尤研究中心（Pew Research Center）的民調，71%俄國人對中國持有正面態度，與普遍西方國家對華觀感惡化形成強烈對比（Silver, Devlin & Huang, 2019）。不過，兩國關係的現況與前景真的如斯樂觀美好？大家也來了解一下俄國人對中國旅客的看法、中國旅客對俄國城市帶來的影響，以及兩國的民間交往概況，揭示俄中關係的另類、有趣面向。

1.中國旅客挽救俄國經濟？

俄國近年備受中國旅客歡迎，2018年訪俄中國旅客高達170萬，遠勝於2010年的15.8萬人。2019年6月普丁與習近平會晤時曾笑言：「莫斯科紅場的旅客大多來自中國，我們可以步出克里姆林宮，跟他們揮手。」

俄國政府於2014年推出「友好中國」項目，透過提供銀聯服務、中文標示、中文服務員、免稅購物等貼心服務來吸引旅客。此外，「十月革命」百週年衍生的「紅色旅遊」路線和2018年舉辦的足球世界杯決賽週，都進一步刺激訪俄的中國旅客數量。不過，中國旅客考慮是否到俄國旅遊，其實現實地顧及金錢因素：烏克蘭危機後俄國飽受西方經濟制裁，導致盧布大幅貶值，使俄國漸成中國旅客的廉價旅遊勝地。

根據俄羅斯旅遊局的資料顯示，普遍訪俄的中國旅客來自中下階層，消費力一般（當中63%為女性、45%年齡逾50歲）。他們多數選擇以旅行團形式遊覽，因為俄國政府為3至50人的中國旅行團提供免簽證待遇。相反，基於簽證費用不菲（325元人民幣起）、語言不通、俄國治安欠佳的偏見等因素，以自由行形式訪俄的中國旅客寥寥可數。

儘管媒體大肆宣揚中國旅客挽救俄國經濟，但俄國旅遊業獲得的經濟成果不如預期。聖彼得堡的旅遊業界代表曾經批評莫斯科高估中國旅客的經濟貢獻，根據他們的業內調查，雖然大量中國旅客湧入，卻因為大多以旅行團形式到

訪，旅遊業未能受惠（Zuenko, 2018）。遊俄7天的旅行團普遍標價5千至8千元人民幣，當中包括交通、住宿、飲食和導遊費。一般而言，旅客只會額外花費2千至3千元人民幣於購買紀念品和其他開支，由於他們的消費和用餐還是傾向選擇中資企業，所以大多數開支最終落回中國商人的口袋。整體而言，訪俄中國旅客的消費較歐洲旅客低3至4倍。

2.「過度旅遊」的衝擊

過度旅遊是全球性議題，泛指旅客過多而對當地居民造成生活不便（聯合國世界旅遊組織的定義）。全球熱門旅遊城市如巴塞隆納、威尼斯、阿姆斯特丹、京都等都深受其害，俄國城市也沒倖免於難。曾經造訪被譽為「北方威尼斯」聖彼得堡的朋友相信會對沙皇村內的凱薩琳宮留下深刻印象，俄羅斯文化部2019年9月底宣布，凱薩琳宮將引入電子門票系統，按照護照出售參觀門票，考慮規定中國旅客參觀的天數。當局期望能限制外國旅客數量，使俄國人能優先進入凱薩琳宮參觀。凱薩琳宮只能同時容納800名旅客，館外時常大排長龍，平均等候時間為4至5個小時。由於沙皇村經常人潮洶湧，導致當地旅客無法進入凱薩琳宮參觀。儘管官方多番否認，但參觀凱薩琳宮的外國旅客中70%來自中國，所以相關措施的矛頭是否直指中國旅行團，心照不宣。

隨著中國旅客增多，被譽為「西伯利亞藍眼睛」的貝加爾湖也蒙受環境汙染問題困擾。2019年6月，普丁親信、

前克里姆林宮幕僚長伊萬諾夫批評旅客製造大量垃圾和汙水，對貝加爾湖的生態構成威脅，又促請俄國政府採取措施限制貝加爾湖的外國旅客數量。貝加爾湖位處西伯利亞的伊爾庫茨克州，是世界上最古老、最深、最清澈的湖，同時擁有全球近20%的淡水。根據伊爾庫茨克旅遊局的統計，2018年貝加爾湖接待的中國旅客達18.6萬人，佔總體外國旅客的63%，按年增長37%。由北京飛往貝加爾湖的航程其實只需兩個小時，甚至比前赴距離伊爾庫茨克6個小時航程的莫斯科更為便捷。此前，中國計畫在貝加爾湖興建瓶裝水廠，觸發110萬俄國人聯署反對，最終使俄國政府下令工廠停工。尤有甚者，有中國旅客大談歷史淵源，不時聲稱貝加爾湖為中國領土，令當地居民嗤之以鼻。

3.「仇中」、「黃禍論」、「漢語熱」？

俄國獨立民意調查機構列瓦達中心（Levada Center）指出俄國人的仇外情緒日益高漲，值得大家關注（Levada Center, 2018a）。有關調查指出，有27%受訪者抗拒中國人；不過遭受俄國人排斥的還包括羅姆人（43%）、非洲人（33%）、中亞人（30%）等，中國人不算是首敵。研究認為俄國的社會政治狀況成為仇外情緒高漲的主因，例如備受爭議的年金改革、生活水平下降等等，使老百姓把怨氣發洩在「外敵」身上。

早前外媒經常報導的「黃禍論」——中國試圖入侵、殖民俄國遠東地區，其實經不起事實考驗。根據俄羅斯聯邦統

計局的數據，自2011年起每年平均只有約8千中國人移民到俄國，僅佔俄國總外來移民人口的2%。在某程度上而言，中國發展步伐超越俄國，使許多中國人不再視俄國為理想的移居地。

近年不少國家興起學習漢語的熱潮，俄國自然也不會例外。根據俄羅斯文化部的資料，近半俄國人認為學習中文有用，重要性僅次於英文（VTsIOM, 2019）。在過去20年間，學習中文的俄國人從1997年的5千人大幅提升到2017年的5萬6千人。不過，懂中文的俄國人只佔總人口的6%，遠不及其他外語在俄國的普及程度，如英文（63%）、德文（45%）、法文（16%）等。

回頭一看，俄中友誼親厚、普丁和習近平私交甚篤之說，也許是言過其實。在國際關係當中，各國首先追求國家利益。俄羅斯和中國構建戰略關係屬於「權謀之合」（Marriage of convenience），聯繫到推倒西方霸權的共同想像，其實是以務虛為常態、合作而不結盟吧？至於對黨媒渲染的故事其實是不是有點肉麻？倒不如一笑置之了吧？

三、俄中在中亞較勁：從上海合作組織說起

2019年6月上海合作組織（上合）在吉爾吉斯首都比什凱克舉行峰會，國際輿論比較關注反恐、區域安全和阿富汗局勢等議題，華文媒體則放眼於加強經貿合作的舉措。中外媒體的報導焦點大異其趣，正好反映出各國對上合組織的期

望不盡相同，尤其是近年俄中關係升溫，兩國在中亞地區的活動頓成熱門話題，考察上合的變奏，是看到它們愈見樂觀的合作前景，還是暗湧潛行？

1.俄中在上合的不同議題

上合於2017年進行擴張，正式接納印度和巴基斯坦為成員國，但印、巴矛盾會否阻礙組織發展，大家不無憂慮。上合於2005年將觀察員身分授予巴基斯坦、伊朗和印度，此後它們陸續表態請求成為成員國。組織於2010年訂立新成員國準則，包括地處歐亞地區、與上合國家有密切外交和經貿往來、擁有觀察員身分和不受聯合國制裁等。

飽受西方制裁的伊朗並未完全符合加入組織的條件，而俄、中、中亞國家三方對印度和巴基斯坦的要求各持己見──俄國支持上合擴員，相信印度能減輕中國在中亞的經濟影響力；中國和中亞國家則持相反意見，前者對印度的反華情緒感到不安，後者則擔心擴員後自身的影響力將進一步被邊緣化（Song, 2013）。

近年北京對上合漸失興趣，對擴員的態度反而不再那麼神經緊張，只是要求它將印度和巴基斯坦的申請做一併考慮。北京深明俄、中兩國對上合組織的期望相距甚遠，索性另闢蹊徑，推動「一帶一路」。莫斯科盤算透過印度抗衡中國，但印、巴問題或令上合的運作徒添風險，不無淪為「紙老虎」之慮，甚難藉此約束中國在中亞的圖謀。

俄、中在上合組織推動不同議程，前者側重操作政治和

意識形態話語權，後者則熱衷於經濟合作（Lukin, 2015）。自蘇聯解體，俄國為促進區域一體化建立了不同的組織，當中有清晰分工，例如歐亞經濟聯盟推動經濟融合，集體安全條約組織致力於軍事合作，上合組織則應對非傳統安全威脅。

事實上，打擊三股勢力（恐怖主義、分裂主義和極端主義）是上合的成立目標，以保障各成員國的邊境安全；組織設立「地區反恐機構」（RATS）以推動情報交流和聯合軍演，嘗試有效控制跨境恐怖活動（包括東突厥斯坦伊斯蘭運動）。

有意見認為上合也為非民主成員國的政權穩定發揮了作用──組織標榜「上海精神」，提倡維護國家主權平等、不干預內政、和平解決國際爭端等國際法原則；北達科塔州立大學教授認為，「上海精神」鼓勵延續專制管治，打擊中亞地區的民主化進程（Ambrosio, 2008）。所以，西方輿論普遍認定上合是非西方、甚或是反西方集團。

對中國而言，上合組織更是將經濟影響力伸展至中亞的途徑。由於俄國視中亞地區為其勢力範圍，中國透過上合以多邊形式跟中亞國家合作，較為俄方所接受。多年來中國提議建立上合的開發銀行和自由貿易區，俄國始終無動於衷──俄方是擔憂財雄勢大的中國將在開發銀行佔據主導角色，而自貿區也可能會拖垮本地市場。心懷不滿的中國遂繞過上合，推出「絲綢之路經濟帶」和亞洲基礎設施投資銀行，以雙邊形式拉攏中亞國家。儘管俄國最終於2016年應允

上合成立開發銀行，以報答中國容許印度成為成員國，但事到如今，恐怕中方會將更多資金和精力投放於自己牽頭的亞投行。

2.中國在中亞的意圖順利嗎？

中亞國家因擁有豐富天然資源，充滿戰略價值，俄、中自然爭相拉攏。中亞五國素來奉行「多向量外交」，避免一邊倒向個別大國，甚或能左右逢源，謀取更多利益。面對中國的經濟擴張，中亞國家如何自處？

對於引入中國資本以促進經濟發展和經貿多元化，它們當然歡迎，對「一帶一路」也感興趣。中國－中亞－西亞經濟走廊將從新疆出發，經中亞地區抵達土耳其和伊朗等中東國家，相信中方巨額基建投資有助它們與全球經濟接軌，從而推動工業化和開展產業升級。例如哈薩克的自我定位是歐亞橋樑，既參與歐亞盟，又支持意念相近的「一帶一路」。

其實，中資在中亞的經濟地位早於金融海嘯後開始建立，2009年單方面設立100億美元的反危機穩定基金，協助上合組織成員國應對國際金融危機的衝擊。過去10年，中國更取代俄國成為中亞國家的最大貿易夥伴。以土庫曼為例，它近年與俄國交惡，經濟很是依賴中國，逾90%天然氣出口到中國，與它的貿易佔總額的44%。

不過，中亞五國之間的關係並不和諧，缺乏互信，鮮有組成區域性合作機構（Allison, 2008）。中亞合作組織於2002年成立，但欠缺能力消除彼此紛爭，最終由俄國主導的

歐亞經濟共同體吸納。哈薩克與烏茲別克對中亞的領導地位爭持不下，前者憑藉豐富天然資源成為區內最佳經濟體，後者則擁有強大軍事力量和最多人口。

此外，烏茲別克與吉爾吉斯、烏茲別克與塔吉克、吉爾吉斯與塔吉克之間都有領土爭議，隨時觸發軍事衝突。中亞五國為前蘇聯加盟國，由蘇聯劃分它們的邊界，當年史達林故意種下種族矛盾的苗頭，防止各國坐大。今天俄國在中亞依然保留軍事存在，在區域安全方面扮演重要角色。因此，中國在中亞的經濟擴張肯定受到俄國掣肘。莫斯科亦可以操弄中亞地區潛在的「恐中症」，遏止中國的影響力；例如近年吉爾吉斯和哈薩克分別爆發大規模反華示威，而新疆的「再教育營」也進一步打擊中國的形象。

3.合作平台還是較勁擂台？

不少西方輿論視中亞為俄、中關係的矛盾所在，認為中國或將在沿線地帶逐步擴軍，應對「一帶一路」的安全風險。但亦有評論估計兩國在軍事和經濟領域上會有分工，避免造成衝突。隨著美、俄關係欠佳，俄、中關係升溫，也許俄國會默許中國在中亞擴大經濟勢力，但不能踰越底線：不准建立軍事存在。

目前中國在中亞地區並沒有軍事存在，而俄國則在哈薩克、吉爾吉斯和塔吉克設有軍事基地（烏茲別克保持中立）。儘管官方否認有關消息，但近年偶見一些媒體報導中國在塔吉克和阿富汗邊界駐軍。莫斯科卡內基中心的加布耶

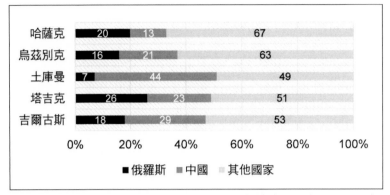

中亞國家的對外貿易（資料來源：美國安全與戰略研究中心，2018）

夫（Alexander Gabuev）透露，北京事後私會俄國學者，了解俄方的底線。

不過，俄國與塔吉克於2018年7月罕有地在戈爾諾－巴達赫尚自治州舉行聯合軍演，大有回應中國在當地駐軍之姿態。中國終將觸犯俄國底線，加劇大國摩擦嗎？還是兩國能在中亞攜手合作，實現良好的「新型大國關係」？

四、印度：俄中之間的搖擺國

2019年5月印度總理莫迪成功連任。他的競選活動聚焦於外交政策，立意建立強悍形象，也訴諸國內民族主義情緒；大選前夕印度擊落低軌道衛星，他聲言印度將成為「太空超級大國」。連任之後，莫迪如何應對近年影響力急速提升的中國，跟其他大國角力（例如俄羅斯），將成他的首要任務。

1.經歷時間考驗的俄印關係

　　莫迪曾經表示印度和俄羅斯的友誼經歷過時間考驗，全因兩國有過多年的戰略夥伴關係和國防合作傳統。冷戰時代中美建交、美國－中國－巴基斯坦醞釀同盟，蘇聯遂與印度於1971年簽訂《和平友好合作條約》，承諾向後者提供安全保障。

　　蘇聯解體之後，俄國前總統葉爾欽表明要摒棄冷戰思維，務實和平等地看待印度和巴基斯坦，觸發新德里不滿。葉爾欽視俄、印安全互保承諾為冷戰遺物，拒絕再向印度提供軍事支援。由於莫斯科的外交方針轉變，印度迫於無奈與美國修補關係，以防範中國和巴基斯坦的軍事威脅。不少俄國人出於情緒宣洩，指責印度為叛徒，卻無視印度的現實戰略考慮。

　　歐亞主義者在俄國政壇冒起之後，前總理普里馬科夫糾正葉爾欽的全盤西化政策，提倡俄、印、中「鐵三角」合作，以構建多極世界。在普丁倡議的「大歐亞」計畫中，印度扮演著重要角色。俄國銳意進軍新興市場經濟，跟伊朗、印度的「國際南北運輸走廊」連接起來最合適不過。相對而言，中國「一帶一路」倡議由東至西貫穿歐亞大陸，與俄國西伯利亞鐵路似乎是競爭多於互補。

2.中國崛起對印度的挑戰

　　中、印兩國的緊張關係由來已久，曾於1962年爆發邊

界戰爭，在藏南和阿克塞欽地區有主權爭議。全球著名智庫布魯金斯研究院2019年的調查發現，54%印度戰略菁英視中國崛起為最嚴峻的外部挑戰（Jaishankar, 2019）。中國與巴基斯坦建立「全天候戰略夥伴關係」，加劇印、中摩擦——巴基斯坦為印度宿敵，兩國因為喀什米爾主權爭議先後於1947、1965和1971年3次兵戎相見。

中國近年的「一帶一路」倡議遭印度公開反對，以「季風計畫」（Project Mausam）抗衡中方構想的「海上絲綢之路」。「一帶一路」的旗艦項目「中巴經濟走廊」令印度尤為不滿，因走廊途經爭議領土喀什米爾，恐怕會損害印度主權。「一帶一路」獲得大多數南亞國家支持，動搖印度在南亞的勢力範圍、霸主地位。其實美國國防部提及的「珍珠鏈」（String of Pearls）戰略，即中國透過在巴基斯坦、斯里蘭卡、孟加拉和緬甸等國建設港口，包圍印度及尋求在印度洋稱霸，印度也甚為警惕（MacDonald et al., 2004）。

儘管印度視中國為主要威脅，莫迪對中國的態度卻是時敵時友，顧及印、中的密切經貿關係，畢竟中國為印度最大貿易夥伴——印度自中國進口720億美元，對中國出口125億美元，貿易逆差達600億美元之鉅。有中方學者批評印度態度曖昧，與美、俄走近，試圖以非軍事手段的「軟平衡」策略去牽制中國擴張。

3.從「不結盟」到「多重結盟」

印度視中國崛起為威脅，與美國和俄羅斯等大國不謀

而合。莫迪政府提出「多重結盟」（Multi-alignment）外交主張，致力與美、俄建立戰略關係，期望能更有效地抗衡中國。與此同時，印度避免過度依賴單一大國，保持戰略自主性。隨著冷戰結束和全球地緣政局變遷，莫迪重新演繹印度的「不結盟」（Non-alignment）外交傳統——前總理尼赫魯於1954年推動第三世界的不結盟運動，堅持不與蘇聯或美國結盟。

俄國與印度加強關係，可說是互惠互利。烏克蘭危機導致俄國與西方交惡，促使俄方加速向東轉，將外交重心轉移到亞太地區，打破國際孤立。為免過於倚賴中國，莫斯科有必要與印度加強合作。2017年俄國邀請印度加入上海合作組織，試圖修正俄、中關係失衡問題；也延續與印度的軍事合作，滿足新德里的國防需求，抗衡中國威脅。根據瑞典斯德哥爾摩國際和平研究所（SIPRI）報告，在2014至2018年期間，印度是全球第二大武器進口國，也是俄國軍火的主要買家，印方58%軍火進口自俄國（Wezeman et al., 2019）。此外，兩國亦加強軍事技術合作以抵消俄國第二大軍火買家中國的軍事優勢。印方獲准生產俄方設計的11356型護衛艦和Su-30戰機，也向俄國租用阿古拉級（Akula class）核子動力攻擊潛艦。軍火交易為俄國帶來重要外匯收入，有助舒緩烏克蘭危機之後的經濟危機。不過，俄國與印度去年貿易額只錄得100億美元，遠不及中、美的經濟實力。

鑑於俄國實力大不如前，大部分印度戰略菁英視美國為首要盟友。印度和美國近年簽署多項軍事合作協議，幾

成軍事同盟。儘管冷戰時期兩國處於敵對關係，但美、巴關係惡化和中國崛起為印、美合作帶來契機。自歐巴馬於2011年提出「重返亞太」戰略，雙方關係已然回暖；2016年再簽署《後勤交流備忘錄》（LEMOA），兩國可利用對方的軍事基地做補給用途。川普政府強調印度－太平洋（Indo-Pacific）概念，印度的戰略價值更見重要。中國的「一帶一路」暗含「西進」戰略構思，試圖在歐亞地區開闢新戰略空間，避免在亞太地區與美國硬碰。美國的印太戰略就此做出回應，將亞太戰略延伸至印度洋，重新圍堵中國；以美國、日本、澳洲、印度等民主國家為基礎，建立「四方安全對話」（QUAD）的非正式聯盟，抗衡非民主的中國。2018年9月印美舉行首次「2+2」外交及國防對話，宣布將舉行三軍聯合軍演，並簽署「通訊相容與安全協定」（COMCASA），容許印度向美國採購更高階的軍備。

美、俄同時看重印度，莫迪期盼左右逢源，抗衡中國。2018年印度採購俄製S-400導彈防禦系統，遭美國威脅實施制裁，正要向外界表明其外交獨立性。不過，美、俄關係一直未見起色，新德里的構想暫難成真。莫迪政府認為印、俄國防合作符合美國利益，華盛頓是否信服，有待觀察。

4.憧憬「非西方」勢力抬頭

在美國的印太戰略中，印度的角色時輕時重，莫迪的大國抱負在那裡難以伸展。白宮期望新德里在印度洋（西面）配合澳洲（南面）和日本（東面）的部署，全面圍堵中國。

印太戰略或能幫助印度消除短期威脅，但將來美國會否過橋抽板，遏制印度崛起，尚未可知。另一方面，俄國期望充當中國和印度之間的橋樑，調解兩國矛盾，壯大非西方陣營——非西方世界「自相殘殺」，無助於建設更均衡的世界秩序，只會間接幫助美國延續其霸主地位。

目前地緣政治局勢緊張，預計印度將繼續其「搖擺國」之道，韜光養晦。長遠而言，新德里要思量如何充分發揮潛力，使印度躋身大國之列。跟美國視野不同，新德里對「印太」概念有更宏大的定義——應以印度為中心，由東非、中東延伸到東南亞。莫迪在新一屆任期將制定何種「大戰略」讓印度走自己的印太路，值得關注。

五、四島爭議緩和：日本忌憚中俄聯手

2019年1月下旬，日本首相安倍晉三訪問俄羅斯會晤普丁，可惜有關北方四島（俄稱南千島群島）的和談缺乏突破性進展。

此前不久，雙方外長展開磋商時，俄方的拉夫羅夫強調兩國簽署和平條約的前設是日本先承認俄國擁有群島的主權。雖然日、俄和好具備充分的戰略動機，但政治現實卻使談判屢陷僵局。這個二戰以還、繼朝鮮問題之外最為困擾東北亞區域安全的重大糾紛，究竟將何去何從？

1.和談的地緣戰略動機

2018年底普丁與安倍在新加坡出席東協峰會期間會面，日方放棄要求俄方一併歸還四島，雙方同意在1956年簽署的《日蘇共同宣言》（下稱《宣言》）基礎上進行和談。《宣言》又稱「兩島＋α」方案，俄國在雙方簽署和平條約後向日本移交齒舞群島和色丹島，再讓日本企業在面積較大的國後島和擇捉島展開共同經濟合作。

東北亞區域局勢近年出現微妙轉變，促使日、俄力求關係正常化。中國急速崛起，美國國力相對下滑；克里米亞危機使中、俄愈走愈近，而川普治下的美國外交多變難測（我們為本書擱筆之際，川普依然未就總統大選承認落敗，但相信大勢已去。新任總統的亞洲政策有何變化，難在本書細說）。日本忌憚中國崛起，更擔憂中、俄聯手打擊日本，而美國作為盟友則袖手旁觀。

另一邊廂，俄羅斯避免過分依賴中國，須與其他亞洲國家加強關係。假如日、俄和談成功，關係邁向正常化，兩國即使面對中、美二強也能掌握更多談判籌碼。這也多少解釋了中國在四島問題上一直支持日方立場。當然，就算日、俄和談取得成果，短期內也不會動搖美、日同盟和中、俄聯盟。長遠而言，日、俄關係好轉，能加強兩國在東北亞的影響力，使區域內的權力分布變得更均勻。

在國家層面上，倘若按照「兩島＋α」方案，俄羅斯向日本歸還兩島，將不單為後者帶來豐富天然資源（如漁

產，甚或離岸蘊藏的石油和天然氣），更重要的是提升民族自尊，彌補失去大國地位的不安感，極具象徵意義。對近年視遠東地區為戰略重點的俄羅斯而言，日方投資可加快相關的經濟發展——安倍2016年訪俄期間提出「八點雙邊合作計畫」，建議在能源、交通、農業、科技、醫療、城市建設、文化和中小企方面加強合作，俄羅斯亦期望日本能參與北極能源開發項目。

也不要忽視兩國領袖在化解四島爭議背後的政治考量。安倍深信，日俄和談成敗的關鍵，在於他與普丁的默契和政治決心。晉三為亡父前外相安倍晉太郎掃墓之時，曾誓言要完成其遺願，與俄國就四島爭議達成協議。

2.民族情緒與軍事憂慮左右大局

有評論指普丁也期盼日、俄簽署和平條約，終結兩國的戰時敵對狀態，那麼普丁便與其他結束二戰的歷史人物（如史達林、羅斯福、邱吉爾等）齊名。

化解四島爭議的戰略動機固然存在，但政治現實的限制似乎更多。這爭議關乎日本人的民族自尊，茲事體大。安倍在國內推銷「兩島＋α」方案，看似不無民意基礎：《日本經濟新聞》2018年11月公布的民意調查結果透露，46%受訪者支持方案，只有33%認為俄國應把四島一併歸還（Nikkei, 2018）。

然而，俄國很可能要求日本接收齒舞群島和色丹島後，放棄另外兩島的主權。換言之，「暫時」或會變成「永

久」。根據相同民調，只有5%受訪者滿足於日本最終只收回兩島主權。魔鬼在細節之中，若日、俄簽署的和約最終要放棄國後島和擇捉島，相信會惹來民間強烈反彈。

至於把南千島群島轉交給日本的構思，俄國老百姓也有強烈反響。列瓦達中心2018年11月發表的民調結果顯示，74%受訪者反對這構思（Levada Center, 2018b）。這調查由蘇聯解體後開始設立，多年來就轉交領土予日方的反對聲音激烈，從未低於70%。

普丁的民望曾受惠於「克里米亞效應」，但近來受退休金改革爭議拖累，將領土轉移日本會否進一步打擊他的民望？1990年代末，前總統葉爾欽曾向日方表示願意轉交南千島群島，及後葉爾欽受到國內政敵威脅，險遭彈劾，日、俄和談無疾而終。儘管今天俄國政局遠比1990年代穩定，但普丁真的甘冒「喪權辱國」的指控，引起社會動盪之險？

另一方面，安倍政府能否兌現和談的兩大承諾，也是疑問。日、俄政府同意加強經貿合作，但法制問題和俄國惡劣的營商環境使日本企業卻步——日企投訴俄國肆意更改遊戲規則、貪汙情況嚴重、匯率風險甚高。日本奉行市場經濟，政府難以利用戰略原因干擾企業決定。

日方又向普丁承諾在兩島上不會基於《日美安保條約》設立美軍基地。可是北方四島倘成條約的例外，美國又可否在涉及主權爭議的釣魚台拒絕對日提供軍事保護？俄方憂慮日本難以抵住美國壓力，最終就範讓美軍在島上部署設施。須知四島西瀕鄂霍次克海，俄軍在海域部署彈道導彈潛艇，

射程能覆蓋美國本土，具備「第二擊」（second strike）能力，俄羅斯怎會貿然讓其防衛線暴露於敵軍範圍之內？

3.起「公關秀」效果

悲觀者相信，俄國視南千島群島為軍事重地，積極部署軍事系統，斷不願受到敵方覬覦；儘管歡迎日方投資和進行共同經濟活動，但俄方難以在主權議題上退讓大步（Bausheva, 2018）。樂觀者則認為，兩國政府正靜待時機，和談最終並非無望：安倍相信俄羅斯願意歸還兩島，普丁只是需要一個下台階；俄國也相信日本會做出更大讓步，例如承認俄國擁有四島主權，由此普丁體面地「贈送」，而不是「歸還」兩島予日本。

其實，日、俄或須先處理一個更深層的邏輯難題：兩國對簽署和約與解決四島爭議的理解，南轅北轍，儼然各說各話——日方傾向把兩者綑綁一起；俄方則主張先簽署和約，再處理領土爭議。

儘管日、俄和談在可見未來或難有突破，但談判的過程卻有效地向國際社會展示雙方關係轉好，這已經足以對兩國的盟友構成壓力。那麼，雖然兩國暫時不會做出任何實質行動，但持續和談卻可以在無須花費大量資源的情況下，炮製精彩的國際政治「公關秀」，盡收北京和華盛頓眼底，似乎何樂而不為？

六、朝鮮藉俄制中的盤算

2019年4月朝鮮領導人金正恩在俄羅斯海參崴跟普丁舉行峰會，會後卻沒有簽署聯合聲明之類的，東北亞兩大巨頭之會似乎落得雷聲大雨點小。不過，仔細琢磨之下，還是可以看到東北亞列強的微妙關係與算計。

1.俄羅斯對朝鮮影響乏力

上一次兩國元首峰會已是2011年，會面的是金正恩之父金正日與時任俄國總統梅德韋傑夫。「普金會」傳聞已久，卻一直只聞樓梯響。早於2015年莫斯科已向金正恩發出訪問邀請，出席俄國二戰勝利70週年慶典；2018年6月川普與金正恩在新加坡舉行歷史性峰會，普丁再次邀請他9月參與海參崴舉行的東方經濟論壇。

不過，金正恩先後以內部事務和日程緊湊為由婉拒邀請。這次「普金會」之前，金正恩已跟習近平、川普和文在寅會面，反映俄國在東北亞地區的影響力，特別在朝鮮半島核問題上，比中、美、韓3個「六方會談」成員國遜色。

經濟上，俄國對朝鮮的影響力甚微，所謂的朝鮮第二大貿易夥伴，其實只佔後者外貿的1.2%（Lukin & Zakharova, 2018）。相對而言，朝鮮經濟極度依賴中國，連續3年逾90%外貿收入來自中國。冷戰時期，基於意識形態相近，朝鮮與蘇聯有緊密經貿往來，上世紀七十、八十年代，近半外

貿收益取於蘇聯。蘇聯解體後的俄國總統葉爾欽致力與富裕的韓國建立經濟關係，對朝鮮態度轉淡。普丁執政後，曾經親赴平壤與金正日會晤修復雙方關係，但兩國的貿易往來未見實質改善。在商言商，朝鮮缺乏外匯，政局動盪不穩，難以成為俄國出口的理想目的地；聯合國對朝鮮實施經濟制裁，更令此雪上加霜。

2.朝鮮聯俄制美還是藉俄制中？

2019年春河內「川金會」以失敗告終，惹人猜想「普金會」是金正恩要聯俄制美。不過，看來華盛頓相信俄國在朝鮮半島的角色有限，未有過分擔心。俄國的主要籌碼是聯合國安理會常任理事國的身分，有權否決安理會提案。俄國反對以軍事手段處理朝鮮核問題，使美國不能透過聯合國為軍事介入提供正當性。

不過，儘管俄國和美國存在地緣政治衝突，但兩國都以朝鮮半島無核化為目標，利益相近。美國就朝鮮核試在安理會上多次提出制裁案，俄國未有動用否決權維護朝鮮。在經濟上，俄國自身也飽受制裁困擾，不願向勢力範圍之外的朝鮮提供援助；俄國更遵照安理會要求，2019年年底前把3萬名朝鮮勞工遣返，對後者外匯收入造成打擊（國際輿論界曾經盛傳「普金會」議程包括朝鮮外勞問題，最終事與願違）。金正恩訪俄，或許有向美國施壓之效，推使美國通過外交渠道處理朝鮮核問題，但所謂聯俄制美，似乎流於誇大？

聯俄制美或許是輿論虛晃，藉俄制中才是真章嗎？朝鮮

經濟近乎完全依賴中國，如果俄國介入，或能反制中國，讓北京顧及平壤利益。金正恩的外交手段充滿小國智慧，藉大國愛惡來為自身利益避險。平壤對中國存有戒心，擔心北京與華盛頓祕密達成協議，出賣朝鮮利益；適逢中、美貿易戰愈演愈烈，白宮時有綑綁朝鮮核問題之意，金正恩對中國的憂慮不無道理。

策略上，朝鮮固然優先考慮與美國雙邊對話，但若要舉行多邊會談，必須要有俄國參與，以防中國盡佔朝鮮便宜。前俄國駐平壤外交官托洛拉亞透露，當年朝鮮願意出席六方會談的先決條件，正是要有俄國參與（Toloraya, 2008）。

不過，金正恩的如意算盤能否打響，言之尚早。莫斯科傾向接受北京在朝鮮核問題上的主導地位，逐漸把朝鮮視為中國的「勢力範圍」，也顧及朝鮮核問題對中方有迫切影響。年前中、俄曾經發表聯合聲明，支持中方倡議的「雙暫停」方案，即朝鮮暫停核試，以換取美韓暫停舉行大型聯合軍演。莫斯科卡內基中心的加布耶夫指出，當時中國當和事老，提出解決方案，俄國則當爛頭卒，拒絕其他國家的倡議（Gabuev, 2019）。近年中、俄國力此消彼長，在朝鮮核問題上，俄國漸失外交獨立性，能否協助朝鮮抗衡中國，實在存疑。

3.控制平壤挑釁當調停者

話雖如此，普丁依然積極推動「普金會」，也是配合克里姆林宮對東北亞的地緣新戰略。普丁致力涉足全球不同

區域，力求重建俄羅斯大國地位和影響力，特別提倡歐亞主義。不過烏克蘭危機以還，俄國無奈東轉，但其亞太地區發展過度側重中國。普丁在「普金會」後提議重啟六方會談，畢竟俄國跟其他東北亞國家關係疏遠，多邊形式是介入東北亞區域事務的主要手段。「普金會」確認俄國在朝鮮核問題仍有角色，為克里姆林宮提供外交空間與美國和其他成員國合作。「普金會」之後不久，美、俄元首就此通電話，足證「普金會」對俄國的外交價值。

「普金會」選址海參崴，也有政治訊息「內銷」作用，藉此提升遠東地區的戰略地位。一直以來礙於資源有限和戰略重心偏向歐洲，俄國遠東地區發展遠遠不及歐俄城市，經濟水平滯後也阻礙俄國與其他東北亞國家加強雙邊關係。2010年梅德韋傑夫提出太平洋戰略，海參崴正是橋頭堡，並於2012年舉行亞太經合組織峰會。普丁此行向國內官僚再次表達克里姆林宮對戰略重心轉移的決心，冀能加快俄國與亞太地區經濟融合。

其實，莫斯科也期望「普金會」對緩和朝鮮核危機出一份力。朝鮮核危機同樣對俄國構成威脅，畢竟兩國共享17公里陸地邊界。美、俄、中一致支持朝鮮無核化，但中俄的共識是平壤凍結核武計畫，有別於美方要求朝鮮全面棄核。

顧慮到美國在朝鮮策動政權更迭的後果，中、俄戰略上默許金氏擁核以鞏固政權，避免金正恩重蹈海珊和格達費棄核的覆轍。與此同時，俄國也要控制朝鮮擁核造成的負面影響——朝鮮核試，為美國在韓國部署薩德反導彈系統提供理

據，也為日、韓未來發展核武提供藉口，難保不會觸發東北亞核軍備競賽。另一方面，俄國也對朝鮮製造核武的技術有所保留，擔心車諾比核災會悲劇重現。

俄國是寄望朝鮮半島維持穩定，長遠帶來商機，落實兩韓與俄國連接鐵路和天然氣管等計畫。俄國的策略是推使美、韓、日通過外交手段在核問題上僵持，同時控制平壤的挑釁行為，從中悶聲發財。俄國在朝鮮核危機的角色雖然次要，但大可擔當調停者角色，防止局勢升溫之餘，也可改善國家形象。「普金會」讓兩國元首建立私交，也有助雙方進一步建立共識。

七、東協：讓俄國將「海上絲綢之路」多極化

2018年11月普丁造訪新加坡，首次出席東亞峰會。西方評論注意到這是俄國企圖擴大在東南亞影響力的重要之舉，俄媒則宣稱總統此行將為雙方全方位合作帶來良好願景。關心東亞地緣政治前景和「21世紀海上絲綢之路」前景的朋友，除了一味著眼於美、中動態，已再不能不重視俄羅斯在東南亞的冒起，而這次普丁之行是展開認真觀察的良機。

1.俄羅斯版本的「重返亞太」戰略

不同於東協峰會和亞太經濟合作組織等以區域經濟議題為重心的會議，東亞峰會聚焦於長遠戰略發展和區域安全，例如曾討論敘利亞危機、伊斯蘭國、朝鮮核危機和南海爭議

等敏感而重要的議題。它由東協倡導，首屆會議於2005年在馬來西亞舉行，最初的成員國為東協10＋6（中國、日本、韓國、澳洲、新西蘭和印度）。俄羅斯和美國於2011年加入，成員國擴大至18個國家。自從於2005年以觀察員身分出席首屆會議後，俄羅斯都是安排總理或外長出席東亞峰會，今年普丁以總統之尊首次代表俄羅斯以成員國身分出席；同時，他也出席第三次「東協－俄羅斯峰會」，將雙方關係提升為戰略夥伴關係；在中、日、韓之外，又分別與新加坡、馬來西亞、泰國和印尼舉行雙邊會議。

要了解普丁破例出席東亞峰會的意圖，要先掌握俄羅斯與東協關係的發展。2010年時任總統梅德韋傑夫在一個特別會議中提出俄羅斯的太平洋戰略；兩年後在海參崴舉行的亞太經合組織峰會中，重返總統寶座的普丁宣布俄國將投放更多資源到遠東地區，並且更積極參與亞太地區事務。到了進入他的第三個任期，普丁推動歐亞主義的方向清楚不過，致力將俄羅斯人重塑為擁有歐洲和亞洲混合身分的一群；處於歐亞大陸板塊中心位置的俄羅斯，是歐亞地區核心，充當連接歐洲和東亞的要塞角色。

事實上，促進歐亞地區一體化是普丁的參選政綱，歐亞盟於2015年成立，所有歐亞盟的成員國（俄羅斯、白羅斯、哈薩克、吉爾吉斯和亞美尼亞）都期望加強與歐洲和東亞國家的經貿合作。換句話說，俄羅斯跟美國一樣，都制定了「重返亞太」戰略，將重心轉移至亞洲。

發生烏克蘭危機後，俄國與西方國家關係急速轉壞，更

迫切需要「向東看」。俄羅斯「向東看」，中國則採取「西進戰略」，似乎使俄、中關係近年愈發緊密。不過莫斯科也深明過度依賴中國之不妙，所以同時積極加強與其他東亞國家的關係，如東協、日本甚至印度也在拉攏之列。2016年普丁於聖彼得堡國際經濟論壇上提出「大歐亞夥伴關係」，提倡歐亞盟與上海合作組織和東協國家共同合作發展。越南是首個與歐亞盟簽訂自由貿易協定的國家，而新加坡亦完成與該組織的自貿談判。

2.進「軍」東南亞，軟制衡中國

儘管俄羅斯在地緣政治考慮上更重視與東協國家的關係，但過去一直被批評為「重政治，輕經濟」，雙方經貿合作未算亮麗。俄國在東協貿易夥伴中排名第8，2017年雙方貿易總額只有167.4億美元，佔東協總貿易額僅0.66%。東協主要貿易夥伴為中國（3,680億美元，16.5%）、歐盟（2,335.6億美元，10.4%）、美國（2,118億美元，9.5%）和日本（2,018.9億美元，9%）（ASEAN Secretariat, 2017）。

不過，俄國透過軍火交易與個別東南亞國家發展雙邊關係，不容忽視。根據斯德哥爾摩國際和平研究所（SIPRI）報告，東南亞地區佔俄羅斯武器出口總額的12.2%，當中越南有超過80%武器進口源自俄羅斯，是俄武器第三大進口國，僅次於印度和中國；另外，馬來西亞和菲律賓自俄國進口武器也愈來愈多（Wezeman et al., 2019）。2019年初俄羅斯國防部長紹伊古訪問東南亞，惹人注目之處有二：（一）

跟越南商討武器裝備採購，包括蘇-35戰機和S-400防空導彈，也有許多種類是針對南中國海情勢的；（二）俄國以貸款方式資助緬甸購買蘇-30SM戰機，取代老舊的中國殲-7戰機而成為空軍新主力，還在商討交易其他坦克、重型火箭系統、防空導彈系統等，更重要的是後續的零組件供應、售後服務和人員培訓，讓緬甸軍事力量的依賴轉向，而俄羅斯艦隊對使用緬甸港口則較前大為方便。西方媒體都認為俄羅斯的目的是著力限制中國對東南亞的影響。

3.東協：讓俄國緩和區內中、美衝突

　　東協國家主張平衡外交，對俄國願意投放更多資源到東南亞地區表示歡迎。美、中二強的巨大影響力一直覆蓋著東南亞地區，使它們軍事靠美國，經濟靠中國。東協致力避免過分靠攏任何大國，維持與各方的經濟合作發展；但隨著中、美矛盾加劇，它們要選邊站的壓力愈來愈大。新加坡總理李顯龍就呼籲中、美領袖要顧及東協國家利益，避免東南亞成為中美貿易戰犧牲品。東協寄望俄國能令中、美的權力衝突減少尖銳化，畢竟中、美都不想俄國漁人得利，在東南亞趁機坐大。從戰略效果而言，俄羅斯介入東南亞將區域權力分布由兩極世界轉變為多極世界。

　　儘管俄國「向東看」不是今天的事，但過去的成果未盡人意：它在東南亞的經濟影響力有改善，但仍遠不及中、美。區域安全方面，莫斯科在南海爭議中保持「政治正確」，避免影響跟中國的關係，未能分擔仲裁者角色的責

任。東協國家對普丁過去一直缺席東亞峰會也感失望，惹來俄羅斯所謂的「向東看」只著眼於中國和東北亞國家的批評。

於是，這次普丁首度出席東亞峰會的意義不小——他承諾俄羅斯會加強與東南亞合作，向東協國家承諾「向東看」戰略並非空口白話，希望提升雙方互信，東南亞國家視外國元首出席峰會為對它們的尊重，相信它們會欣賞普丁首赴東亞峰會的誠意。反之，東協國家對美、中的信任備受衝擊，除了因為川普和習近平都從未出席過東亞峰會之外，川普考慮重啟的美、日、印、澳「四方安全對話」很可能會降低東協和東亞峰會的重要性；東協好些國家也擔憂參與中國「一帶一路」會落入債務陷阱。普丁看準東協的危機感，擴大俄國在東南亞的影響力正在其時。

4.普丁不容「向東看」只是空頭支票

俄羅斯外交思潮跟「大西洋主義」歷史淵源深厚，尤其在蘇聯解體後要與這段歷史劃清界線，「大西洋主義」大盛。後來因俄國的種種挫折而令此思潮回落，但俄國管治階層和菁英始終傾向於歐洲多於亞洲。即使經過「新歐亞主義」者的努力（包括前總統國際事務顧問斯坦科維奇、前總理普里馬科夫等），近年俄羅斯菁英提升對亞洲的關注，但焦點往往落於東北亞國家，特別是中國而已。涉獵東南亞研究、能掌握當地語言的俄羅斯學者和官員寥寥可數，他們亦得不到主流管治菁英重視；只有配合內部制度革新和外交戰

略重心轉移，才能真正立足於東南亞地緣政治。

在今天而言，對外決策機制上俄國始終是一種總統高度集權的單向垂直結構，所以普丁出席東亞峰會同時也是向國內管治菁英和官僚傳達重要訊息，不再容讓「向東看」仍然只是一張空頭支票。

八、小結

普丁擁抱歐亞身分，加上烏克蘭危機的衝擊，促成「大歐亞」戰略興起及更積極向亞太發展。俄國的亞太政策採取「中國+」進路：不能不以中國為重心，但也不會輕視其他亞洲國家的位置。俄國與中國鞏固戰略夥伴關係，中國在前蘇聯地區推動「一帶一路」莫斯科不打紅燈。

然而，兩國國力懸殊的問題漸見突出，甚至浮現俄國過度依賴中國的情況。克里姆林宮知道要加強與其他亞洲國家關係，但面對各種挑戰，事見有心乏力。新德里認為「一帶一路」建立「珍珠鏈」圍堵印度，強烈反對參與中國的倡議；但雖然俄國跟印度維持軍事合作，但新德里更依賴美國抗衡中國。普丁和安倍晉三交往密切，唯領土爭議談判尚困胡同，兩國經貿合作也未見突破。莫斯科嘗試調解朝鮮核危機，但其角色和影響力畢竟有限。普丁出訪東南亞備受注目，但俄國與東協的戰略合作支票暫未兌現；「21世紀海上絲綢之路」倚賴東協國家參與，俄國進軍東南亞對中國倡議會有多大影響？

過去俄羅斯對東亞地區事務的參與不多，而亞洲國家亦對充滿地緣政治色彩的「大歐亞」心存疑慮，遠不及「一帶一路」受歡迎。儘管俄國與中國愈走愈近，但克里姆林宮否認兩國將締結軍事同盟。俄國也有政治菁英認為，向亞太發展其實屬於權宜之計，只為與西方修好關係鋪路？經歷川普批評北約過時、英國脫歐、民粹主義抬頭，西方陣營嚴峻考驗未了。俄國是否應靜待時機，把握跨大西洋聯盟的分裂局面，與歐洲重新建立良好關係？長遠而言，以俄國為首的歐亞勢力遊走於歐、亞之間，在全球秩序中充當獨立和重要角色，這才是「大歐亞」戰略的初心？

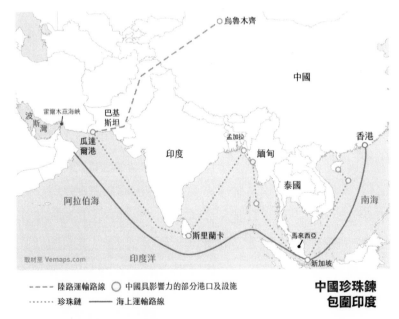

中國珍珠鏈包圍印度（圖片繪自：楊永明，2018）

第五章

美、俄、中大國博弈

　　儘管普丁憧憬美、俄、中三國鼎立的多極世界，但現實上中美新冷戰格局正在形成，俄國將如何自處？冷戰時期，時任美國國務卿季辛吉向尼克森總統獻「聯中抗蘇」之計，被譽為結束冷戰的重大戰略。今天，中國變成美國的最大競敵，建議美國「聯俄抗中」的呼聲漸高。不過觀乎美俄關係欠佳、中美爆發貿易戰、中俄加強戰略協作等新形勢，「聯俄抗中」之議應該做何考量？

　　國際地緣政治角力愈演愈烈，使歐美國家用放大鏡挑剔中國的「一帶一路」。美國退出《中程導彈條約》無疑令形勢火上加油，隨時在亞洲挑起核軍備競賽。北極地區蘊藏豐厚天然資源，成為兵家必爭之地，地緣日趨軍事化，多邊合作可以維持為各國共識，中國將可以與俄國共建「冰上絲綢之路」嗎？隨著美國嘗試淡出中東，俄國乘勢蠶食機遇，軍事介入敘利亞，跟土耳其、以色列、沙烏地阿拉伯等國愈走愈近，爭取成為中東地區的新「玩家」，這對中國推動「一帶一路」是挑戰還是機會？俄國再次走進第三世界，軍事支援非洲諸國，扶植專制政權，是間接為「一帶一路」開闢坦途嗎？

西方把俄國和中國的舉措標籤為「銳實力」，但兩國操縱國際話語權的能力仍遠遜於美國，面對國際輿論壓力時常顯力有不逮（例如「一帶一路」被批評是「債務陷阱」的計時炸彈），改善方向在何方？

一、美國「聯俄抗中」：睿見還是迷思？

當年冷戰正酣之時的美國國務卿季辛吉提出美中關係正常化，利用中國抗衡蘇聯，被視為美國扭轉冷戰格局的重要戰略。面對今天美、俄、中三國關係日漸緊張，「新冷戰」的說法甚囂塵上之際，美國新聞網站《每日野獸》在2018年底報導，季辛吉曾經向總統川普提出「聯俄抗中」之議：透過與俄羅斯和其他亞洲國家建立友善關係，圍堵崛起的中國（Ebrahimian et al, 2018）。

季辛吉後來否認了該篇報導，並強調他一直視中國為美國的重要夥伴；然而，「聯俄抗中」之說就會隨之暗聲了嗎？歐巴馬年代的國家情報總監詹姆士・克拉柏2018年11月明言，雖然短期而言俄羅斯是美國的重大威脅，但長遠來看中國才是最大敵人；12月美國國務卿蓬佩奧（Michael Pompeo）重申他早在擔任中央情報局局長時已經提出的想法：中國是美國中長期的最大威脅。那麼，重新思考季辛吉當年的「聯中抗蘇」和今天所謂的「聯俄抗中」戰略思維，以及這名權力平衡大師所嚮往的多極世界觀，就應該是應時之論而不是無的放矢了。

1.反思冷戰時期「聯中抗蘇」戰略

　　1960年代末期，冷戰兩大陣營同時碰壁：美國軍隊在越戰泥足深陷，經濟表現欠佳；蘇聯出兵血腥鎮壓捷克的民主化運動「布拉格之春」，舉世譁然。面對動盪不安的形勢，1969年就任美國總統的尼克森設法改善東西方關係；同年，西德總理布蘭特採取「東進政策」（Ostpolitik），釋出善意嘗試打破東、西德僵局。尼克森與他的國家安全顧問季辛吉制定「緩和政策」（Détente），推動美、蘇利用外交手段舒緩緊張關係和軍備競賽。尼克森於1972年訪問「新中國」，與毛澤東建交；同年尼克森訪問莫斯科與蘇共總書記布里茲涅夫談判，簽訂「第一階段限武條約」，削減兩國的戰略性進攻武器。季辛吉當年的名言是：您（尼克森）的繼任人20年後將會聯合俄國人抗衡中國人，而現時我們需要利用中國人抗衡俄國人，我們要理智地執行這權力平衡遊戲。

　　尼克森的「緩和政策」看準中、蘇矛盾，希望達成兩大戰略目標：分化共產主義陣營，美軍也可以從越南抽身。中、蘇矛盾源於1960年代的意識形態分歧，毛澤東指控蘇共為「修正主義」、提出「第三世界」理論；1969年雙方在邊界兵戎相見，蘇聯頓時成為中國國土安全威脅。尼克森幫助中國走進世界，削弱蘇聯的領導角色。季辛吉之策使美國佔據戰略三角關係中的樞紐（pivot）位置：美國與中、蘇保持友好關係，敵對的是中國和蘇聯（Dittmer, 1981）。

　　季辛吉提倡的「三角外交」以國家和地緣政治利益為先，

體現現實政治，撤除意識形態考量（Kissinger, 1994）。尼克森從政生涯本來以反共聞名，擔任總統之後卻主張緩和與中、蘇的關係；美國暗裡協助中國抵制蘇聯，有助維持東西權力平衡。「緩和政策」讓美國稍得休養生息，因為他相信資本主義較共產主義的可持續發展潛能更高，時間在美國和西方陣營一邊。最終冷戰在蘇聯於1991年解體之後正式結束。

2.「聯俄抗中」有現實基礎嗎？

近年中國高速崛起，俄羅斯力圖復興，美國國力發展回軟。儘管中、俄國力暫時仍難與美國匹敵，但如果兩國愈走愈近，美國對自身的全球領導地位動搖自感不安。烏克蘭危機為中、俄關係產生拉近之力，中、美貿易戰也有可能令雙方摩擦提升至全面矛盾。華盛頓「聯俄抗中」不是有可觀的戰略動機嗎？

不過，美、俄關係正常化受到美國內政阻礙，行之不易。2018年秋川普和普丁在芬蘭赫爾辛基舉行二人首次正式會晤，卡內基莫斯科中心主任特列寧也曾期許「川普會」為新「緩和政策」的開始，調解美、俄矛盾，讓兩國在烏克蘭危機後重新上路——戰略角度上，雙方破冰符合普丁提倡的歐亞主義，讓俄羅斯廁身於中、美角力之間，或能左右逢源（Trenin, 2018）。然而，川普會後表示相信俄羅斯並無干預2016年美國大選的言論遭到共和、民主兩黨議員猛烈抨擊，最終為失言道歉。根據民調，60%美國受訪者和85%民主黨支持者相信俄國曾經干預2016年美國總統選舉，民主黨

重奪眾議院控制權，加強「通俄門」調查，進一步限制川普尋求美、俄關係正常化的能動性。皮尤研究中心的民意調查顯示，64%美國民眾對俄羅斯持有負面印象，反而對中國持有負面印象的只有47%（Pew Research Center, 2019）。政客和民眾對俄羅斯的負面印象比中國的嚴重，白宮要「聯俄抗中」，談何容易？

2018年秋川普證實美國將退出與前蘇聯簽訂的《中程導彈條約》，雖然時任國家安全顧問波頓與普丁會面時辯稱中國近年積極發展的導彈同樣對俄羅斯構成威脅，建議美、俄就中國軍事活動進行戰略對話，但此辯解看來效果不彰，普丁還是譴責美方決定，揚言就新一輪軍備競賽做好準備。

至於中、俄矛盾，冷戰時期的意識形態之爭已不復存在——兩國政治上都是威權國家，十分重視政權安全與國土安全，主張按照其國家特色來探索獨特的「民主」路，拒絕承認西方自由式民主為唯一發展模式，經濟上則推行國家資本主義。擁護自由式民主和資本主義的美國，反而更似是中、俄的意識形態對手，對中國或俄羅斯施壓或將迫使中、俄愈走愈近。近年中、俄兩國在邊界問題、軍事演習（例如2018年底解放軍派員參與「東方－2018」中、俄聯合軍演）、能源買賣（例如年前簽訂為期30年、總值4千億美元的天然氣合作協議）上都有合作經驗。

平情而論，俄羅斯對中國亦不無顧忌，尤其前者近年銳意向東發展，自知應該積極與其他亞洲重要國家推進良好關係，如日本、印度、越南等，而它們跟中國的友好關係也不

穩當。西方輿論認為中、俄實力日漸失衡，潛在不少衝突可能，包括爭奪中亞地區影響力、兩國貿易結構失衡等。保持雙方關係平等、抑制兩國人民的強烈民族自尊心，皆是習近平和普丁的重大挑戰。簡言之，中、俄關係不是牢不可破，但也得注意季辛吉當年的另一名言：中、蘇矛盾或可利用，卻不可製造（Kissinger, 1979）。川普對改善美、俄關係言行曖昧，對俄伸出的橄欖枝實效成疑。

3.季辛吉的多極世界觀

　　川普或也情傾現實政治，卻欠缺尼克森的戰略耐性。他擺脫具有強烈道德色彩的外交傳統，輕視國際形象，跟沙烏地王儲穆罕默德、土耳其總統埃爾多安、朝鮮領袖金正恩等獨裁者唱和、交往，但跟尼克森始終是不一樣的現實主義者：川普相信追求稱雄全球是美國的生存之道，尼克森和季辛吉則認為美國安全仰賴維持全球權力平衡；川普認為中、美國力此消彼長，時間在中國一邊，於是選擇現時就向崛起未竟全功的中國發動貿易戰，望能先下手為強而不是「放虎歸山」，今天的季辛吉則認為美國應該視中國和俄羅斯為夥伴，共同應對世界正在面臨的種種非傳統安全威脅。季辛吉倡議美、俄、中三國權力平衡的多極世界，而這不是強求美國的超強地位。多極世界也正是俄羅斯和中國在冷戰後一直鼓吹的國際體系，難怪季辛吉常是克里姆林宮和中南海的「貴客」，而川普熱衷於「勝者全取」（winner-take-all）的態度，又能否經得起新時代的考驗呢？

美俄中軍事實力比拚

	美國	俄羅斯	中國
軍事開支（億美元）	6,487.9	613.8	2,499.9
常規軍隊（人）	1,281,900	1,013,628	2,183,000
坦克（輛）	6,287	21,932	13,050
軍機（架）	13,398	4,078	3,187
航空母艦（艘）	11	1	1
核彈數量（枚）	6,450	6,850	280

（資料來源：SIPRI, 2020; Global Firepower, 2020）

美俄中經濟實力比拚

	美國	俄羅斯	中國
國民生產總值（萬億美元）	20.5	1.7	13.6
人均國民生產總值（美元）	62,641	11,289	9,771
國民生產總值增長率（％）	+2.9	+2.3	+6.6
外匯儲備（億美元）	1,280	5,184	31,192
外債（億美元）	200,061	4,824	19,717

（資料來源：World Bank, 2020a; CEIC Data, 2020）

二、核軍備競賽對中國的挑戰

　　2018年秋川普宣布即將退出與前蘇聯於1987年簽署的《中程導彈條約》，該條約禁止雙方擁有、製造或試射射程為500至5千公里的巡航導彈。廢除條約，也許象徵歷時30年的核軍備控制時代告終。此後，美國、俄羅斯和中國的軍備博弈或將有何變化？核戰對亞洲的威脅，是否還只是危言聳聽？

1.美國長遠制衡解放軍的部署

　　白宮批評俄羅斯自2014年起已經開始破壞條約,中國甚至不受條約限制,是故沒有必要受《中導條約》約束,單方面限制自己的導彈力量;退出《中導條約》後,美國將有更大自由度抵禦中國的導彈威脅。香港嶺南大學張泊匯教授的研究透露,解放軍部署的導彈對準第一島鏈(如臺灣、日本和菲律賓)和第二島鏈(如關島和巴布亞紐幾內亞),力足威脅美國在關島的軍事基地、日本的嘉手納空軍基地和韓國的群山空軍基地。如果美國能在亞洲的軍事基地部署中短程導彈,將能制衡解放軍的導彈實力(Tweed, 2018)。

　　美國的算盤是否如此如意?在冷戰的軍備競賽之下,美國迫使蘇聯大灑金錢以維持雙方的戰略平衡,蘇聯在1980年代花費超過10%國民生產總值於軍事開支,有指這是拖垮蘇聯經濟並且導致其解體的主因之一。而美國的長期經濟優勢,正是結束冷戰的關鍵。川普似乎想利用相近的戰略邏輯,揚言美國比俄羅斯和中國能用更多經費去發展核武,最終勝出軍備競賽,打敗中、俄。然而,跟冷戰時面對單獨的蘇聯不同,美國退出《中導條約》後,將同時面對中國和俄羅斯兩條戰線,而俄羅斯和中國現時的經濟規模亦遠超當年的蘇聯。

　　美國退出《中導條約》,亦可能進一步加劇北約成員國之間的矛盾。條約廢除後,歐洲很大機會再次成為美俄角力的「戰場」,傳統大國如德國、法國和英國,儘管都指摘俄

羅斯違反條約，但亦相繼表示對美國退出條約深感憂慮；反而一些曾經被前蘇聯侵略而對俄羅斯的行為特別敏感的中、東歐國家（如波蘭），可能會支持川普的決定。因此，美國退出《中導條約》或會再次觸發西歐（「舊歐洲」）與中、東歐（「新歐洲」）的摩擦。

《中導條約》廢除後，俄羅斯或能迅速取得短期軍事優勢，應對中國的導彈威脅。美國指摘俄羅斯研發違反條約的RS-26 Rubezh導彈和9M729（北約稱為SSC-8）導彈，俄國辯稱RS-26 Rubezh為洲際導彈，但美方情報指俄方曾4次試射，當中兩次飛行約2,050公里；而9M729導彈的飛行距離預計為2千公里（Woolf, 2016）。如果美國退出條約，俄國可在歐洲和亞洲地區快速部署條約禁止的導彈，應對西方國家帶來的國防威脅，並能回應中國近年急速發展的中短程導彈力量。

2.俄羅斯具短期優勢嗎？

然而，《中導條約》其實使俄國能以較低廉的成本去維持跟美國的戰略平衡，所以莫斯科一直願意維持條約——《中導條約》和《新削減戰略武器條約》等軍備控制協議，對外能限制美軍的核武數量以確保雙方戰略平衡，對內則避免過度增加國防開支，以便更有效地運用經濟資源。近年俄羅斯國防開支一直維持於佔國民生產總值3%至4%的水平，並未受到經濟困境影響。如果美國退出《中導條約》後大肆發展中短程導彈，俄羅斯或會「被迫」分薄資源予以應對。

莫斯科能否汲取前蘇聯的教訓，避免盲從美國而捲入新一輪軍備競賽，惹人關注（Trenin, 2018）。

不少俄羅斯軍事專家認為《中導條約》是「不平等」條約，為美國帶來軍事上的相對優勢，故此歡迎美國退出——《中導條約》規定蘇聯和美國銷毀陸基中程導彈，但並沒有約束美軍具優勢的海基和空基巡航導彈；而且當時蘇聯削減導彈的數量為1,752枚，遠多於美國銷毀的859枚導彈。

不過，由於《中導條約》使美國削減在歐洲盟國部署的導彈，蘇聯面對導彈的威脅其實是大大降低（此前，美軍從歐洲發射導彈攻擊蘇聯領土只需10分鐘）。《中導條約》是在質的層面提升了蘇聯的安全；美國在條約廢除後可以大肆增加導彈數量和重新在歐洲部署導彈，反而會對俄國國土帶來更大及實質的威脅。

3.對中國的潛在挑戰

中國不受《中導條約》約束，近年積極發展導彈力量，尤其致力於陸基巡航導彈，技術上已經研發出超高音速導彈，如東風-21和東風-26，飛行速度達5馬赫以上，現階段未有導彈防衛系統（包括美國在韓國部署的薩德導彈防禦系統）能夠阻截。現時中短程導彈佔中國解放軍導彈裝備的95%。中國藉導彈發展來改變亞太區的勢力平衡，讓中方強化在南海爭議的立場，亦使美國的「重返亞太」戰略步履不穩。

若美國退出《中導條約》後大力發展中短程導彈，研發先發制人的技術選擇，並且在其亞洲盟國重整旗鼓，中國的

比較優勢或將被削弱，甚或捲入地區軍備競賽，東北亞從此劍拔弩張。不過，美國重新研發中短程導彈需時，華府的如意算盤要打得響，又要獲得亞洲盟國許可部署導彈，上述變化可能是中期以後的形勢。

美國和俄國先後宣布停止履行《中導條約》，相關核軍備控制不復存在。美國前國家安全顧問波頓會見普丁時就提醒，其實俄國同樣受到解放軍的導彈力量威脅，嘗試拉攏他聯手抗衡中國。也有專家認為俄羅斯祕密研發中短程導彈，其防備之心其實在於中國。不過目前美、俄互信薄弱，談判不容樂觀。

另一個方案或是要求中國也加入《中導條約》，讓三國的導彈力量同時受限制，但北京已明確表示不會加入。由於缺乏強硬的常規軍力，解放軍需要依賴中短程導彈來應對地區安全威脅。要駁回這「邀請」不難，北京可以要求其他擁有相關武器的國家，如印度、巴基斯坦和以色列等都加入《中導條約》。但構建全球適用的《中導條約》將會大大增加其複雜性和不可行性，談何容易？

4.核軍備控制畫上句號？

《中導條約》廢除後，短期內俄羅斯可能是贏家，美國也許是長遠的勝利者，中國則會面對不少挑戰。俄羅斯或可迅速部署祕密研發的中短程導彈，而美國將有更多空間研發中短程導彈及在歐洲和亞洲盟國內重新部署，中方新興的導彈力量將會面對美、俄的潛在抗衡甚或對峙。英國廣播公司

的華文評論說此乃川普抗俄儡中、一箭雙雕之著。既然退出條約對美國和俄羅斯都有益處，而種種替代方案都看似不可行，廢除之事在所難免。這無疑嚴重打擊核軍備控制，亦為2021年到期的《新削減戰略武器條約》談判蒙上陰影。

2019年8月美國正式宣布退出《中導條約》後，隨即試射陸基中程巡航導彈。同年10月，俄國試射洲際導彈及宣布協助中國建造導彈預警系統，提升中方的防禦能力。一個月後，中國在南海試射東風-41和東風-31洲際導彈。2020年6月，普丁揚言俄軍已領先全球成功研製超高音速核武，同時在「新冠肺炎」疫情期間又向川普示好，其實是希望白宮同意延長《新削減戰略武器條約》，避免不必要的軍備競賽重現，而這也符合美國利益。不過，川普政府堅持核軍備控制

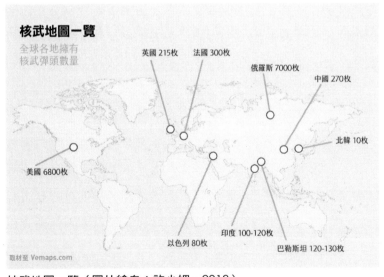

核武地圖一覽（圖片繪自：許少媚，2018）

必須包括中國在內，避免中方漁人得利，期望莫斯科能遊說北京參與其中。這是否一廂情願之想？那麼，大家開始關注核軍備競賽甚或核戰，難道還是言之尚早嗎？

三、北極爭雄：「新冷戰」前哨還是多邊合作？

俄羅斯國防部2019年初宣布，從這一年開始外國軍艦駛經北方航道時須事先獲俄方許可，美國海軍卻表示將派軍艦駛近北冰洋執行「自由航行行動」作為回應，並會重啟阿拉斯加在冷戰時代的補給站和開拓白令海峽地區的戰略港口。其實2018年8月美國海軍成立專注北大西洋海域的第二艦隊，已引發俄國防長紹伊古批評是在北極的軍事擴張，10月北約又在北極舉行冷戰以還最大規模的「2018三叉戟」聯合軍演，加上中國也在那裡蠢蠢欲動，彷彿「新冷戰」在北極山雨欲來。究竟北極的地緣政治張力如何反映三國角力的新態勢？

1.北極：潛在利益豐厚

據美國地質調查局估計，北極蘊藏全球30%未開發天然氣和13%未開發石油（McGee, 2018）。全球氣候變化加速冰層融化，為開發北極資源帶來有利條件，長遠有助舒緩能源短缺危機，使不少國家積極參與開發，學者預計北極資源在15年後或能左右全球能源局勢。

北極航道開通是另一亮點——它泛指俄羅斯沿岸的北海

航道和加拿大沿岸的西北航道，途經北冰洋，連接大西洋與太平洋；因北海航道航程較蘇伊士運河短，有望降低運輸成本。以日本橫濱到荷蘭鹿特丹之航為例，經東北航道的航程只需7,350海里，而經蘇伊士運河則為11,250海里。目前北海航道的貨運量達1,800萬噸，期望於2024年能突破8千萬噸。北海航道每年航期只有3至4個月，同時受極地氣候、破冰成本和有限度搜救能力等因素掣肘；但全球暖化將延長北極通航時間，哥本哈根商學院的研究估計北海航道在2040年後有望具備高經濟效益（Carsten et al., 2016）。

治理北極地區事務的主要組織包括北極理事會和「北極五國」，前者於1991年由加拿大、丹麥、芬蘭、冰島、挪威、瑞典、俄羅斯和美國8個北極國組成跨政府組織，此外還有13個觀察員國，當中中國於2013年在爭議聲中加入。它致力於推動地區內的環境保育和可持續發展，但不包括安全和貿易等敏感議題。面對北極理事會的侷限，加拿大、丹麥、挪威、俄羅斯和美國5個北極沿岸國家另組「北極五國」，以臨時性質討論重大地區議題，曾分別在丹麥（2008年）、加拿大（2010年）和挪威（2015年）召開會議。

2.俄羅斯：主導者

俄國是北極地區國土面積最大的國家，擁有340萬平方公里，那裡佔俄國本地生產總值20%和22%出口，以及大約90%的天然氣產出。由於經濟依賴能源出口，莫斯科視蘊藏豐富天然資源的北極為長遠經濟發展目標，時任總理梅德

韋傑夫曾揚言要把它變成俄羅斯21世紀的能源基地，因俄國擁有當地66%未開發天然氣和29%未開發石油。俄國政府於2017年投放20億美元在北極興建基礎建設，國營能源巨頭Gazprom和俄羅斯石油公司（Rosneft）也積極開發。

俄國視北海航道為其領海，認為《聯合國海洋法公約》規定的「無害通過」不適用，外國船通過須先得其許可，2017年起又立法禁止外國運油輪駛經北海航道。俄國推動北海航道成為連接歐亞的重要海上通道，但駛經的商船又隨時可能變成人質，作為換取政治利益的籌碼。由於涉重大戰略利益，俄國派駐北方艦隊保障航道安全，在2014年起進一步強化在北極的大規模軍事力量，例如在北方艦隊基礎上組建北極戰略司令部、部署S-400防空導彈系統、興建13個空軍基地和16個深水港（Flake, 2014）。

3.美國：持份者

美國在北極也擁有豐富天然資源儲備，包括33%未開發石油和13%未開發天然氣。歐巴馬政府將北極事務提升到國家戰略地位，於2013年發布「北極地區國家戰略」，提出要改善預測天氣的準確性、導航設備和高緯度地區通訊能力。歐巴馬也藉美國於2015至2017年擔任北極理事會輪值主席國，推動北極和全球國家正視氣候變化和環境保育議題。可惜川普對待北極的態度冷淡，主要關注經濟方面而已（Nilsson, 2018）。他素來質疑全球氣候變化議題，推出一系列舉措發展阿拉斯加能源產業；2017年4月他簽署行政命

令，開放北極的受保護水域以勘探石油和天然氣；12月國會通過稅改，推翻了40年前對北極圈地區的開採禁令，允許在國家野生動植物保護區開採原油。

美國在北極投資不多，實力無法與俄國抗衡。武裝力量在北冰洋的活動能力有限，目前海岸警衛隊只有兩艘破冰船，俄國北方艦隊則擁有40艘，包括獨創的核動力破冰船。川普採納國防部的評估，認為北極不對美國構成安全威脅，主要關注為商業活動提供安全環境，難免面對批評他姿態被動的壓力。

4.中國：開發「冰上絲綢之路」

作為世界最大能源進口國，中國自然想從北極豐富天然資源分一杯羹，但由於不是北極國家，一直機遇難求。烏克蘭危機爆發，為中國走進北極打開缺口：西方制裁禁止西方企業向俄國的石油領域提供先進科技、設備和投資，美國石油巨頭埃克森美孚退出與俄羅斯石油公司的北極合作項目，限制俄國引進西方先進的深海開採和緻密氣開採等技術來開發北極。低油價亦阻礙俄國的北極開發，有俄國學者估算，北極開發須在油價處於每桶110美元以上才有利可圖（Ampilov, 2017）。西方制裁促使俄國的北極開發項目改為向中國融資，邀請中國參與亞馬爾液化天然氣項目，目前中石油集團和絲路基金就共同持有29.9%股權。兩國領袖對北極事務也取得一些共識：中、俄總理於2015年開始磋商共同合作，普丁於2017年表示中國可藉北海航道發展「冰上絲綢之路」。

除投資俄國北極能源項目外，中國企業也積極探索北海航道商業價值。中國遠洋海運集團從2013至2017年共派10艘船舶航經北海航道，預計到2020年5%至15%中國貨船將駛經該處。2018年中國國務院發布《中國的北極政策》白皮書，提出中國應積極參與北極科研和基建；近年積極研究破冰船，利用購自烏克蘭的「雪龍號」考察北極，去年自主建造的「雪龍2號」成功下水。

　　中國的介入不可能不觸動俄、美神經。早在2015年紹伊古已不點名批評中國，指有非北極國家在北極圈擴張政治勢力，俄軍有必要在該地區設防；近年即或招攬中資，也不會掉以輕心（Conley & Rohloff, 2015）。2020年2月，聖彼得堡北極科學院院長就因為涉嫌出賣俄海軍潛艇技術予中國的叛國罪而被軟禁。美國方面也挑戰中國為「近北極國家」的說法，批評中國透過戰略投資和極地研究中心等灰色地帶，擴張在北極的影響力和挑戰世界秩序。

5.多邊合作比劍拔弩張好

　　更令世人憂慮的是俄、美的緊張動態。北極是俄國腹地，美國在那裡的軍事實力暫難匹敵，在北極執行「自由航行行動」風險甚高。俄國正處於國際孤立局面，能否如中國在南海領土爭議般克制，實在存疑。正如俄國外長拉夫羅夫所言，美國海軍可事先對俄通報，或在北海航道外的國際水域自由航行，何須冒擦槍走火之險？

　　儘管北極地緣衝突的張力拉緊，軍事化之勢愈甚，但權

力分布現狀一時不易改變，主導的俄國既不會讓中國肆意擴張，也應會務實地與其他北極國家和持份者合作。例如美、中、俄三國同樣擔心北極出現漏油危機，可循北極理事會攜手合作，為開發北極提供更佳條件。多慮的美國也大可透過環保議題，例如與其他北極國家推動以較高技術門檻開發能源，或許已可有效約束中、俄能源貿易合縱之勢，保持地區影響力。2020年6月西伯利亞城市諾里爾斯克（Norilsk）就發生漏油事故，環保基建設施受損，油污汙染當地水源，造成嚴重生態災難。

2020年1月莫斯科的北極技術研究所透露，中國或將為建設俄國境內的「雪花國際北極站」做出貢獻，包括可再生能源的研究，以及相關設施的聯合融資活動。多邊合作和開發，始終是各國在北極的首選之道。

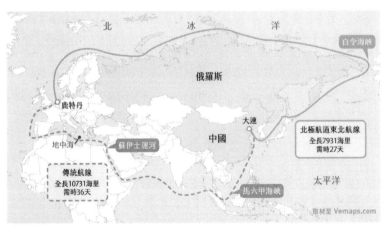

北海航道（圖片繪自：Russia Today, 2020）

四、俄羅斯將是中東新任調停人？

敘利亞內戰自2011年爆發持續至今，俄羅斯先後以外交和軍事手段力保阿薩德政權。隨著川普宣布從敘利亞撤軍，不少專家和新聞評論視俄國為最大得益者，勢必對中東局勢有更大影響力。俄國介入敘利亞內戰之後，不但提升大國形象，更趁機與美國的傳統盟友加強關係。不過，中東局勢始終未見明朗，其實俄國也乏力獨自擺平地區爭議，只好與各方勢力保持對話，以外交渠道調解紛爭。

中東是中國倡議「絲綢之路經濟帶」的必經地域，北京在那裡的高鐵外交（例如土耳其）、煉油外交（例如科威特、伊拉克）愈見活躍；十多年間已經是不少國家的最大貿易夥伴和投資者。2019年底中國海軍跟伊朗和俄羅斯在阿曼灣（鄰近霍爾木茲海峽；全球大約五分之一的石油通過那裡運輸）舉行40年來首次大型聯合軍事演習；美國就有學者和軍官警告，美國和伊朗關係惡化下去，就是催化俄羅斯和中國一起捲入「戰局」。美、俄力量在中東地緣上此消彼長，關心「絲綢之路經濟帶」的發展，豈能不搞清那裡的局勢將有何變化？

1.俄羅斯「重返」中東

要宏觀地了解俄國與敘利亞內戰的關係，必須先回顧蘇聯與中東國家友好的歷史，然後釐清俄國出兵敘利亞前的利

害計算。不少人對俄國介入敘利亞、走進中東感到意外，其實令人驚訝的反而是莫斯科在後冷戰時期為什麼一直對中東隔岸觀火。

冷戰時期蘇聯曾經是中東的主要持份者，與美國分庭抗禮。第二次世界大戰結束後，蘇聯和美國攜手支持以色列獨立建國，擺脫英國殖民統治，促使中東的權力重新分配。美、蘇兩國利用以巴衝突在中東地區擴張影響力──以色列倒向美國，而阿拉伯國家則投靠蘇聯。除了支援巴勒斯坦解放組織外，蘇聯與埃及、伊拉克、利比亞、敘利亞等國成為盟友，向它們提供軍事協助。不過，阿拉伯國家逐漸對蘇聯感到失望，因為莫斯科對直接軍事介入顯得不情不願，無意徹底扭轉中東形勢。在冷戰後期，蘇聯面臨經濟停滯，對中東盟友的援助無以為繼，兩者關係進一步疏遠。

蘇聯崩潰之後，美國主導中東，俄羅斯乏力左右局勢，只能向陷入國際孤立的伊拉克和伊朗招手。美國先後推翻海珊和格達費政權，除了為地區局勢帶來不穩，也進一步削弱俄國在中東的影響力。阿拉伯之春蔓延至敘利亞，阿薩德政權面臨大規模反政府示威和倒台危機。2013年阿薩德政權使用化學武器襲擊平民，漠視歐巴馬的「紅線」，迫使美國威脅出兵敘利亞。俄國主動介入斡旋，勸服美國通過外交手段解決事件──聯合國安理會一致通過決議，要求敘利亞在國際禁化武組織（OPCW）監督下銷毀所有化武。

2.俄軍介入敘利亞：本小利大

隨著伊斯蘭國和反政府軍突起，阿薩德政權再次草木皆兵，促使俄國考慮軍事介入敘利亞。作為俄國在中東的最後立足點，敘利亞和阿薩德政權的存亡對克里姆林宮事關重大。根據蘇聯與敘利亞簽訂的協議，俄國黑海艦隊租用塔爾圖斯港（Tartus）作為海軍基地，具備進出地中海的重要戰略價值。另外，克宮一直力挺阿薩德政權，他一旦倒台勢必令克宮十分尷尬，嚴重打擊其國際形象。

然而，許多俄國人對阿富汗戰爭和車臣戰爭的創傷記憶猶新，憂慮俄國會再度陷入持久戰爭和造成大量士兵傷亡，也認為政府應先關注國內經濟發展。根據列瓦達中心的調查，近半（46%）受訪者認為俄國會重蹈蘇聯在阿富汗的覆轍，三分之一反對出兵敘利亞（Levada Center, 2017）。與此同時，如果美國軍事介入敘利亞，俄國也得提防或會意外地觸發兩國正面衝突。不過，歐巴馬政府旋即表明無意出兵敘利亞，只會協助反政府軍打擊伊斯蘭國。

2015年9月底，俄國答應阿薩德政權的要求，介入敘利亞內戰，結果取得意想不到的收穫。俄軍協助阿薩德政權擊潰反政府軍，逐漸奪回大部分領土的控制權；也成功遏止伊斯蘭國，阻止恐怖主義勢力擴展至北高加索地區（如達吉斯坦、車臣等地）而對俄國內部造成不穩。更重要的是俄軍高調介入敘利亞之舉，打破美國對中東局勢的壟斷，有助俄國鞏固其大國地位。自美國撤軍後，俄國主導敘利亞的重建工

作，地區影響力與日俱增。

　　由於俄國面對過度擴張的質疑，有別於過去魯莽、率性的印象，俄軍在敘利亞的行動頗為保守，主要倚賴空襲介入，拒絕派遣地面部隊，減低士兵傷亡的風險。單靠空襲，俄軍難以徹底消滅反政府勢力，故必須與盟友伊朗分工合作。俄國向阿薩德政權提供外交、物資和情報支援，而伊朗則派遣作戰部隊與敘利亞政府軍並肩作戰，配合俄軍的高空轟炸。事實上，俄國在敘利亞的軍事行動成本低廉但回報豐厚：根據詹氏資訊集團（IHS Jane's）的估算，俄軍赴敘利亞作戰每天花費400萬美元，遠低於美軍所需的1,150萬美元。

3.貪新不忘舊的外交方針

　　儘管中東地區充滿各種分歧，但俄國能與各方保持對話，頗能展現外交智慧。克里姆林宮致力尋求新盟友，向土耳其、以色列、沙烏地阿拉伯等美國傳統盟友伸出友誼之手。隨著「頁岩氣革命」，美國能源逐漸嘗試自給自足，降低對中東石油的依賴；由此，美國推行「重返亞太」戰略，將外交重心從中東轉向亞太，積極面對崛起的中國。對中東國家而言，川普政府對傳統盟友缺乏承擔，與力挺阿薩德政權的俄國形成強烈反比（Rumer, 2019）。俄國出兵敘利亞，扭轉中東的地緣政治格局，也乘虛而入開拓嶄新戰略空間。

　　俄國與土耳其的歷史、政治、戰略目標大相逕庭，兩國合作只屬於權宜之計。2015年土耳其軍隊的F-16戰機在敘

利亞邊境擊落俄國戰機，俄國對土耳其實施經濟制裁作為報復，令兩國關係跌至谷底。翌年土耳其總統埃爾多安面臨政變，其後的整肅行動遭到西方譴責，只有普丁雪中送炭，促成俄土關係正常化。近年，安卡拉無視美方的警告和制裁威脅，購買俄國的S-400防空導彈系統，與西方關係進一步惡化。美國從敘利亞撤軍之後，俄國與土耳其達成協議，爭取各自利益。土耳其是北約成員國，此舉勢必打擊西方陣營團結，讓俄國打開地緣缺口。

即使俄國與以色列於1991年恢復邦交，但兩國關係要到千禧年才漸見起色。普丁與夏隆、納坦雅胡等鷹派以色列總理同氣連枝，不斷追求強大的軍事實力。俄國出兵敘利亞，將S-400防空導彈系統部署於境內，在東地中海地區建立「反介入／區域拒止」（Anti-Access/Area Denial, A2/AD）能力。以色列空軍的作戰環境受到影響，被迫與俄軍進行協調。

對俄國而言，伊朗介入敘利亞內戰有利有弊。伊朗革命衛隊的地面部隊是挽救阿薩德政權的關鍵，但德黑蘭與莫斯科同床異夢，對敘利亞的前景有截然不同的見解。俄國需要阿拉伯國家協助敘利亞的戰後重建，而伊朗則打算將敘利亞捲入遜尼與什葉派的宗教鬥爭。以色列曾多次轟炸敘利亞境內的伊朗目標，俄國卻視若無睹，因為伊朗的影響力被削弱對俄國有利無害。

作為伊朗的盟友，俄國近年積極加強與沙烏地阿拉伯的關係。美國逐漸撤出中東，沙烏地阿拉伯只好與俄國重建

關係，試圖抗衡伊朗。普丁與沙烏地國王沙爾曼互訪、與孤立的王儲穆罕默德於G20峰會擊掌問好，均試圖利用個人交情來推動兩國合作。作為全球主要能源出口國，俄羅斯與石油輸出國組織（OPEC）達成協議減低石油供應，以抑制油價波動；不過，2020年3月雙方談判失敗，三年合作關係崩解，油價戰恐怕會曠日持久，或多或少會影響全球政局（王家豪、羅金義，2020c）。

4.執鞭者還是調停人？

隨著俄國在中東的影響力與日俱增，外界期望莫斯科能肩負維持地區穩定的重責。不過，俄國的對外關係重心從未放在中東，因為其重要性遠不及歐洲和亞太地區。鑑於資源有限，俄國深明取代美國成為規管中東秩序的執鞭者，勢必吃力不討好（Maçães, 2019）。故此，克里姆林宮必須善用其「中間人」角色，平衡各方利益，從外交渠道調解中東紛爭。其實，美、中、俄三國在中東地區不乏合作空間，例如打擊恐怖主義和防止伊斯蘭國死灰復燃，都符合各方利益，只視乎大家能否放下成見。過去不少人一直視美國為中東亂局的源頭，但當美國力量逐步撤出，大家還是應該關注這對中東踏上和平之路到底是祝福還是詛咒。

五、俄國能突破美中在非洲的強勢嗎？

2019年10月，首屆俄非峰會在黑海沿岸城市索契舉行，

觸發俄羅斯重返非洲的熱論。自克里米亞危機之後，俄國急切地尋求外交突破，使俄、非關係再度熾熱起來。

非洲的發展潛力及政治重要性不容忽視，除了蘊藏豐厚礦產資源之外，也擁有聯合國四分之一會員的投票權。俄國與非洲擁有深厚歷史淵源，但主要倚賴軍事合作維繫關係，經貿往來則乏善可陳。究竟俄國走進非洲會為區域性地緣政局帶來什麼轉變？有能力左右「絲綢之路經濟帶」的進程嗎？

1.重打蘇聯的「反殖牌」

冷戰時期蘇聯與美國的鬥爭擴展至第三世界，不少非洲國家加入社會主義陣營。1960至1970年代興起全球反殖民運動，蘇聯支持安哥拉、莫桑比克、幾內亞比索等非洲國家的解放運動，協助它們獲得獨立。除了提供武器及軍事訓練之外，蘇聯對非洲盟友大灑金錢以改善當地的基建和農業發展。在人文交流方面，蘇聯為非洲留學生提供豐厚獎學金、創立俄羅斯人民友誼大學，鼓勵他們赴俄接受純正的社會主義教育，培育未來政治人才。不過，自蘇聯解體後，俄羅斯無力兼顧非洲事務，俄非關係日漸疏遠。

今天，俄國提倡維護主權和獨立的外交主張，成為俄、非再度合作的切入點。面對美國及其他西方國家施壓，俄國力挺敘利亞的阿薩德政權和委內瑞拉的馬杜羅政權，贏得眾多非洲政權的掌聲。外交上，俄國捍衛主權平等原則，反對任何干預別國內政的行徑（即使當地出現人道危機）。在普

丁治下，俄國逐漸走向專制管治，如同不少非洲國家一樣，恐懼美國策動政權更迭；克里姆林宮利用「主權」概念做修飾，構建「主權民主」、「主權網路」等非西方理念，以抗衡來自西方的批評，深受非洲政權支持。俄國標榜自己是國際政治體系中的傳統、保守勢力，致力維持當前的國際秩序。在非洲，俄國曾祕密介入蘇丹、利比亞和中非共和國的局勢，試圖鞏固當地專制政權。非洲各國掌權者自然期望當自身政局出現動盪時，俄國會「挺身而出」，協防抵禦外部勢力干預。

西方國家對非洲提供經濟援助時，往往綑綁著政治和其他條款，跟當地文化、價值背道而馳。例如坦尚尼亞政府早前被指涉嫌歧視同性戀，結果遭到丹麥暫緩撥出千億援助。反之，克里姆林宮對美國肆意在非洲推廣自由民主口誅筆伐，甚至將之描繪為新殖民主義（Stronski, 2019）。相比之下，俄國願意向非洲國家提供無條件資助，高舉「非洲人解決非洲問題」的原則。

2.俄非經貿關係難敵中國財雄

今天的俄羅斯國力大不如前，難以像蘇聯時期那樣慷慨對待非洲國家。在俄非峰會上，俄國重提在2007年八國集團峰會上的許諾，宣布免除非洲國家200億美元債務。不過這筆債款主要從蘇聯時期拖欠下來，非洲國家其實未能取得任何實質經濟援助。相反，去年中國於北京舉辦中非合作論壇，向非洲提供600億美元貸款及援助——其實中國自2000

年起已經累計向非洲國家給予1,360億美元貸款。

作為原料出口國，俄國與非洲國家在經濟結構上成為競爭對手，雙方經貿關係長期未能契合。俄國出口以能源產品為主，加上工業、科技產物缺乏競爭力，難以引起非洲消費者的興趣。儘管俄國媒體大肆宣揚俄非貿易額在過去10年間激增3.5倍，但雙方貿易總額在2018年其實只錄得200億美元，遠遜於非洲國家的其他主要貿易夥伴，例如歐盟（3,340億美元）、中國（2,040億美元）、美國（610億美元）等。更有甚者，俄國對非洲出口中有68%的對象是阿爾及利亞和埃及，顯示俄非經貿合作其實偏重於北非地區而已。

俄國對非洲的海外直接投資只有20億美元，幾近微不足道，遠不及美國（570億美元）、英國（550億美元）、法國（490億美元）、中國（400億美元）等。當中主要涉及能源基建，例如在衣索比亞和盧安達等國興建核電廠。

3. 非洲政權垂涎軍事支援

縱使莫斯科乏力向非洲提供經濟援助，但非洲諸國銳意加強與俄國的軍事合作。在過去數年間，俄國與23個非洲國家簽署軍事合作協議，成為非洲最大的武器供應國。根據瑞典斯德哥爾摩國際和平研究所報告，在2014至2018年期間，北非國家49%的武器從俄國進口（美國15%、中國10%），當中阿爾及利亞更有66%武器進口自俄國；同時，撒哈拉以南非洲國家有28%武器進口自俄國，源自中國和美國的分別

只有24%和7%（Wezeman et al., 2019）。對非洲國家而言，俄國武器相對廉價、具可靠性，而且俄方樂意提供維修等售後服務。俄羅斯國防出口公司表示，2019年向非洲提供總值約40億美元的武器。

除了軍火交易之外，俄國也派遣軍事顧問團到非洲，向當地士兵提供訓練。俄國僱傭兵瓦格納集團充當代理人，使之能在非洲擴大軍事影響力之餘，同時避免正規軍的傷亡或激起民憤。儘管克林姆林宮否認與瓦格納集團有任何關聯，但這支擁有5千名僱傭兵的準軍事部隊與國防部關係密切，並由普丁的密友普里格津（Yevgeny Prigozhin）所控制。在長年陷入內戰的中非共和國，瓦格納集團奉命保護政府高層，也防範黃金和鑽石等國家重要資產被竊；蘇丹政府也跟瓦格納集團達成相似協議，利用採礦權來換取政治要員的安全保障。

4.中俄在非洲聯手抗美？

2018年美國發布新非洲戰略，時任國家安全顧問波頓直斥俄國及中國透過「掠奪」行為在非洲擴大影響力，勢必掀起地緣政治鬥爭。不過，美方對非洲地緣政治格局的研判——俄、中聯手抗美——短期而言恐怕是過度憂慮。雖說俄國趕上非洲的尾班車，但實力遠不及中國和美國，難言對大局有決定性影響。

由於缺乏財力，俄國只能向非洲國家提供軍事合作，嘗試對當地的政局穩定性有所影響。不過，俄國與中國的

非洲戰略南轅北轍，至今仍未見兩國為此進行具體協調——中國長年在非洲透過經濟滲透來換取政治影響力，漸見成效（Spivak, 2019）。例如中國協助東非國家吉布地的經濟發展，從而設立其首個海外軍事基地。另一方面，川普政府提出「非洲繁榮倡議」，減低經濟援助的政治色彩，勢必抗衡中國的「一帶一路」。

在可見的將來，非洲的地緣政治格局將依然由中、美兩國主導。俄國重返非洲仍處於起步階段，在資源匱乏的情況下，俄國如何在非洲突圍，進一步擴大影響力，將考驗克里姆林宮更高的智慧。

六、國際資訊戰：中國應仿效俄式策略嗎？

在核武年代，大國之間爆發戰爭的代價不菲；今天的大國角力更多牽涉非傳統戰爭手段，例如愈見重要的「資訊戰」。美國國家民主基金會曾批評俄羅斯和中國的「銳實力」，指它們操縱國際輿論來衝擊其他國家以搶奪國際話語權。

在資訊戰中，各國需要制定措施預防和減弱資訊攻擊，控制資訊攻擊造成的損害；有效的防禦策略在短期內亦有助維護國家的形象，最終能保持其外交自主性。若然看準時機，一個國家甚至能在國際輿論上反守為攻。

1999年科索沃戰爭中的資訊戰迄今依然為人津津樂道：以美國為首的北約介入戰爭，並空襲南斯拉夫，俄羅斯和中

國批評北約行為違背國際法「不干涉他國」原則，美國則提出國際社會有「保護責任」，支持北約維護人權而人道介入。最終科索沃實現獨立，美國有效地應對俄、中的指控，成功保障其國家利益和國家形象。

近年俄羅斯淋漓盡致的假訊息宣傳，吸引各界研究，甚至獲得中國「參考」。不過，國家制定資訊戰方針，建基於其國力、國際地位、長遠戰略目標等因素和考慮。正在崛起的中國應積極維護其國際形象，而不是貿然跟隨俄國的訊息宣傳策略。俄羅斯與中國的資訊戰策略如何同中有異？它們的國際話語權會如何影響國家發展？

1.「戰狼」外交萬法歸宗？

俄羅斯回應國際指控的策略可歸納成「4D」：否認（dismiss）、扭曲（distort）、分散注意（distract）和恐嚇（dismay）（Nimmo, 2015）。當負面訊息侵害其國家利益時，俄國會否認指控；當不利訊息持續傳播，俄國會嘗試扭曲事實；若指控揮之不去，俄國就會將輿論焦點轉移開去；萬一所有伎倆失效，俄國唯有散播恐嚇言論企圖將對手嚇走。

在2014年馬航MH17空難，俄國政府起初堅決否認與墜機事件有關聯，反駁相關指控具有政治目的。其後，俄方詆稱烏克蘭軍隊擊落客機，不惜虛構衛星圖像、以假證人作供、動用網軍引導輿論。俄國媒體亦主動散播各種陰謀論，如烏軍自編自導以博取同情、事件與馬航MH370航機失蹤

有關,企圖轉移視線。最終,俄軍甚至暗示可能會使用核武器,威嚇西方停止向烏克蘭提供武器援助。

在「通俄門」中,俄國被指干預美國總統大選,透過披露希拉蕊的黑材料,協助川普最終當選。普丁故技重施,最初否認俄國政府與駭客的關係。隨著駭客組織「奇幻熊」(Fancy Bear)和「舒適熊」(Cozy Bear)被揭發與俄聯邦安全局關係密切,普丁改口稱駭客可能是俄羅斯愛國者所為,但與政府無關。俄國輿論機器又重提西方陰謀,將事件刻畫成西方的「恐俄症」和「新麥卡錫主義」,企圖瞞天過海。

中國政府質疑「新冠肺炎」源頭,透過真假難辨的訊息宣傳,試圖推卸早期隱瞞疫情和防疫不力的責任,跟俄羅斯的資訊戰策略異曲同工。中國外交部發言人趙立堅提出美軍將病毒帶到武漢,隨即被揭發他誤引美國極右份子、陰謀論者韋伯(George Webb)的資訊;《環球時報》「引述」義大利專家雷穆齊(Giuseppe Remuzzi),指稱義大利早於中國爆發疫情,也旋即遭到當事人澄清和否認。

此前,中國應對外國指控時,強調「講好中國故事」,報喜不報憂。中國政府習慣發放海量正面訊息來沖淡批評聲音,鮮有正面反駁指控。在肺炎疫情下,中國向外宣揚其抗疫的成功經驗,塑造中國領導國際社會齊心抗疫的形象。早前中國國務院發布《關於中美經貿摩擦的事實與中方立場》白皮書,表示中美貿易互利共贏,有助推動全球經濟發展,卻未有正面回應美國對中國不公平貿易、竊取技術等指控。

2.「人性化」輿論機器

　　關於俄羅斯的假訊息宣傳，歸功於具系統和多元化的輿論機器。國營新聞台《今日俄羅斯》於2005年建立英語頻道，有近400萬YouTube訂戶，聲稱提供「非西方」聲音。它將西方媒體擁護的持平原則變成漏洞，傳播偏激觀點和辯解，並包裝成一家之言。《今日俄羅斯》刻意跟俄國官方論調保持一定距離，其頻道內容幾乎對俄國議題絕口不提，反而看準西方的民粹思潮，追擊西方傳統建制。因此，它與部分歐洲國家的極左和極右組織一拍即合，如法國國民陣線黨的勒龐（Marine Le Pen）。

　　俄國亦設立人性化的「惡搞工廠」，由普丁親信普里格津管理，以虛構的社交媒體帳戶發放訊息來影響國際輿論。「工廠」採用輪班制，確保能每天24小時無間斷運作。據了解，員工每日必須在社交媒體上發布最少80個評論和20個分享。單在馬航MH17空難中，他們發布了超過6萬5千條Twitter貼文，指責烏克蘭是幕後黑手。他們追上網路潮流，懂得使用「meme」將訊息配合影像捕捉網民共鳴，並迅速流播廣傳。有研究分析有關烏克蘭危機的Twitter貼文，發現普羅大眾獲得較高互動率，他們的貼文被轉發的次數較多，皆因政府和媒體逐漸失去公信力（Golovchenko et al., 2018）。

　　前身是中央電視台英語頻道（CCTV-9）的《中國國際電視台》（CGTN）也嘗試模仿相近做法，但在YouTube只

有200萬訂戶。CGTN有一半內容涉及中國時事、文化、民生議題，對海外觀眾的吸引力驟減。官媒《中國日報》透過付費專欄在《華爾街日報》、《紐約時報》、《衛報》等西方主流媒體刊登文章，也設英文版本供海外讀者閱讀；《環球時報》亦大灑金錢，在Facebook、Twitter、YouTube等社交平台購買廣告，但始終被西方讀者視為官方喉舌，招致反感（Brandt & Schafer, 2020）。

在網路世界，傳說中國有所謂「五毛黨」，收受利益而盲目支持官方立場，但其主要活動集中於中文網站。畢竟中國認為國土安全威脅主要源於國內，如不同地方的分離主義運動，也許形成中國媒體對非漢語人士和海外社交媒體重視不足。

3.資訊戰左右「一帶一路」方略

近日爆發中國和泰國網民的網路罵戰，泰國偶像劇演員被指「辱華」、在Twitter遭到中國網民口誅筆伐，而敢於自嘲、幽默的泰國民眾在網戰中顯得略勝一籌，這場有關nevvy的爭論更引起臺灣和香港網民的參與而組成「奶茶聯盟」。北京過度倚賴官媒、未能掌握英語文宣的文化和話語精髓、正面訊息吸引性偏低等弱點，均嚴重削弱其外宣的成效。網路戰期間，美國水資源研究組織「地球之眼」（Eyes on Earth）發表報告，揭示當湄公河下游出現乾旱期間，中國在上游的水壩仍然堵截水流，罕有地獲得各地網民的關注，並在很多#MilkTeaAlliance的標籤之外加上

#StopMekongDam，中國水利事業對湄公河沿岸國家的負面
影響，被國際輿論加倍放大，對這個「一帶一路」的重點方
略明顯是聲譽上的打擊（趙致洋、羅金義，2020）。

其實，西方針對「一帶一路」的資訊戰一直都對北京
構成壓力，繼多位白宮領袖之後，美國不少著名媒體也批
評得尤其辛辣，例如《紐約時報》質問中國是否世界上最大
的高利貸、《彭博》警告中國是「發債帝國」，等等；《中
國日報》等的回應文章似乎制止不了西方一波又一波的抨
擊（Chen, 2019）。英國廣播公司（BBC）的華文評論也指
出，「一帶一路」在所謂「債務危機的質疑」的壓力下不能
不調整戰略，要更多的利用第三方市場和調動更多資源在非
物質上的交流（李宗憲，2019）。

4.「後真相時代」的國家形象

2018年普丁與川普會面時表示要了解「真相」其實是妄
想，暗示二人均會為捍衛自身國家利益而有策略地說謊。經
常不滿媒體報導「假新聞」的川普，似乎並無異議。不過，
多虧近年俄國的假訊息宣傳，專門進行事實查證（fact check）
和監察假訊息的組織應運而生，例如歐盟的EUvsDisinfo。
在事實查證年代，假訊息似乎經不起時間考驗；在「後真相
時代」，不少人反而對真相更加渴求、嚴謹查證。

「新冠肺炎」疫情期間，連向來對批評中國比較「客
氣」的歐盟也於2020年6月中旬公開點名批評中國和俄羅斯
展開具針對性的對外政治宣傳行動和散播虛假訊息，企圖損

害歐盟成員國的民主體制，埋下分裂歐洲社會的種子（例如宣稱美國在前蘇聯加盟共和國祕密設有生物實驗室）。歐盟委員會要求Facebook、Twitter等社交媒體加強事實核查及認證標籤工作。中國外交部的回應是老調重彈，強調中方「從來不需要依靠吹噓和虛假消息來提升形象」，中國將堅定走自己選擇的道路，也無意參與所謂的敘事戰。

俄國的假訊息宣傳製造了一種「失敗主義」，讓人感到無法找尋真相的絕望（Rietjens, 2019）。今天的中國漸漸看似冷戰時期的蘇聯，要向世人提供「另類事實」（alternative facts），唯成果差強人意。觀乎今天的全球政治局勢，俄國相對弱勢，資訊戰旨在分化、破壞西方社會穩定，不惜押上自己聲譽與西方國家「攬炒」。反而中國重視提升國家形象，具備經濟手段影響別國，仿效俄國之法實屬不智，甚或適得其反。

七、小結

新冷戰初局漸成，參照季辛吉的戰略三角思維，「聯俄抗中」或富於理論研討空間，但現實事與願違。華盛頓暫難與俄國修好，期盼俄、中決裂；中方相信美、俄關係冷淡，中、俄再度交惡的風險不大；俄方傾向俄、中聯手以打破美國霸權，構建「後西方」秩序。

美國退出《中程導彈條約》，避免中國漁人得利，但同時觸動俄國神經，亞洲核武競賽如箭在弦。儘管俄國與中國

合作開發北極資源，但美、俄兩國同樣提防中國擴張野心，「冰上絲綢之路」能否成真言之尚早。俄國借助敘利亞危機鞏固在中東的影響力，卻需要跟美國或中國攜手合作，以重建敘利亞、消滅恐怖主義及維持地區穩定。中國要考慮在中東加強軍事投入，以保障「一帶一路」沿線國家的利益。中、美兩國主宰非洲地緣政治格局，如今俄國加入成為持份者，將使地區形勢進一步複雜化，或為「一帶一路」增添變數。

美、俄、中大國博弈蔓延至資訊戰，俄國與中國能破不能立，難以打破西方輿論霸權。說「一帶一路」是債務陷阱，中國回應乏力，暫難扭轉輿論劣勢。

要成為世界大國，俄國必須跳出其勢力範圍，在中東和非洲等地區設立立足點。克里姆林宮一直投機地四處擴張影響力，如把握機會填補中東權力真空、扶植遭遇國際孤立的多位專制領袖。然而資源捉襟見肘，俄國如何保持全球影響力及應對來自中、美兩國的壓力，備受考驗。北京如何從中趨吉避凶，也不是容易應付。

第六章
「非西方」全球治理

　　自冷戰結束後，美國主導全球秩序，也主宰治理全球事務的模式。美國霸權和「單極時刻」似乎快將告終，非西方國家紛紛提出全球治理的替代方案。俄國對不少重要國際議題有獨立自主的態度，正構建出挑戰西方價值觀的「俄國模式」。普丁公然抨擊自由主義過時，批評美國輸出「顏色革命」、動輒干涉別國內政，危害全球政治穩定和文化多元，跟「中國模式」互相呼應。隨著眾多新興國家崛起，G20和金磚五國等組織應運而生，傳統西方主導的國際組織（例如G7）逐漸失去權威和代表性。究竟西方秩序將會有所革新，抑或被「後西方」世界秩序取代？對俄國而言，要成為大國必須具備外交獨立性，敢於捍衛國家利益，無懼國際威脅和施壓。俄國應對烏克蘭危機充分展示其大國之威，惹人聯想中國回應中、美貿易戰和堅持推行「一帶一路」的態度。俄國政府將網路和主權扣連起來，仿效中國的「防火長城」，防備來自美國的網路攻擊，惹人質疑限制言論自由，也跟去中心化的全球態勢背道而馳。克里姆林宮認為民主制度不只侷限於西方模式，提出「主權民主」概念來合理化俄國制度。不過，2019年首都莫斯科爆發的連串反政府示威，

正反映群眾對政制的不滿，也為普丁永續執政響起警號。內患之餘，外憂猶在，克里米亞危機以還俄羅斯飽受西方列強制裁，對它的大國復興之夢造成什麼衝擊？大半個世紀以來俄、中都是「難兄難弟」，上述情況看在北京眼中，領導人又應該做何反思？

一、普丁的現實主義世界觀

　　2019年夏天普丁在出席20國集團峰會前夕接受英國《金融時報》訪問，批評自由主義已經不合時宜，引發國際輿論不小的波瀾（Barber et al., 2019）。他提到多元文化主義站不住腳，尤其在應對全球難民問題時，傳統價值勝過普世價值。歐洲理事會主席圖斯克反駁有關言論，力陳威權主義和個人崇拜才是真正過時。克里姆林宮隨即澄清，謂普丁的思想其實跟自由主義接近，他只是抗拒將之強加於其他國家。

　　換言之，普丁反對的不是在國內推行自由主義（畢竟他常聲稱俄國也是自由民主國家），而是國際秩序備受自由主義獨斷，尤其是美國向全球大肆推廣美式自由民主。其實，普丁這次對自由主義國際秩序的批評跟早年在慕尼黑安全會議中的提法相若──美國跨越國界、全方位地干預其他國家，引起各國不安，長遠將危害全球政局穩定。復興中的俄羅斯要跟美國互爭雄長，其實我們對普丁的世界觀有多少了解？這跟崛起後的中國、「一帶一路」的鴻圖，會是一唱一和嗎？

1.自由主義國際秩序幻滅？

　　普丁對自由主義國際秩序的批判在美國理論界不乏知音，芝加哥大學政治學教授米爾斯海默在新著《大幻滅：自由主義夢想與國際現實》中預言自由主義國際秩序註定失敗，而伴隨美國「單極時刻」的終結，新的國際秩序將會再次以現實主義為基礎（Mearsheimer, 2018）。在後冷戰時期，新自由主義主導美國外交取向，認為民主體制、國際機構和經濟連通有助促進世界和平和人權發展。華盛頓外交政策又和應「美國例外論」，視美國在世界上享有獨特地位，透過「民主推廣」戰略向外輸出美式自由民主理念，將北約、歐盟、世界銀行等組織擴張，建立和平化解國家之間紛爭的平台，也推動經濟全球化以提高戰爭的成本。

　　不過，面對文化差異和民族主義等掣肘，美國要將專制國家變成民主政體，難度甚高。美國想在中東推廣民主，卻變質成「政權更迭」，先後推翻阿富汗、伊拉克、利比亞政權，合法性備受質疑；尤有甚者，伊拉克戰爭助長伊斯蘭國崛起，加劇中東亂局，為歐洲帶來難民危機。北約和歐盟近年銳意東擴，甚至拓邊至俄國勢力範圍，但低估了莫斯科的憂慮，最終釀成烏克蘭危機。與此同時，國際機構雖然在各國有共同利益的領域上能發揮一些功效（例如經濟和環保合作），但對安全議題卻一籌莫展。國際經貿往來或有助減輕國家之間的衝突，但始終無法完全消除爆發戰爭的可能性，因為不少政權依然認為國家安全應該凌駕於經濟發展之上。

歸根究底，國際體系幾近無政府狀態，各國行為不受約束，決策者只能做出最壞的打算，確保國家的存活。

隨著中國崛起和俄國復興，米爾斯海默認為目前的國際形勢正逐步脫離美國主導的單極世界，大國競爭漸現，他斷言美國的外交決策思維只能重歸現實主義。

2.現實政治世界觀

普丁推崇「現實政治」，主張多計算國家利益而少考量道德價值和意識形態；他期望各國領袖將外交當作談生意，務實地追求利益。

儘管敘利亞內戰死傷慘重，但普丁認為俄國行動成果之大是超出預期——2015年軍事介入敘利亞以還，莫斯科扶助使用化武殺害平民的阿薩德政權；俄軍趁機進駐，分別在塔爾圖斯（Tartus）和赫梅明（Khmeimim）建立海軍和空軍基地，重振對中東地區的影響力。軍事行動上，俄國與伊朗加強合作，借助伊軍地面部隊推進以減低俄軍傷亡。同時，俄國拉攏土耳其在伊德利卜共建非軍事區，讓政府軍清剿境內庫德武裝份子。俄國、伊朗和土耳其三國在哈薩克首都阿斯塔納舉行和談，也成為化解敘利亞危機的重要機制。

不容忽視的是，克里姆林宮借助敘利亞的經驗宣揚俄國有能力扮演調解角色，積極對利比亞、葉門和以、巴衝突等亂局介入斡旋。敘利亞危機又彷彿成為俄國武器的展銷活動，促成俄國與沙烏地阿拉伯、以色列、阿聯酋、卡達、埃及等國的軍火交易。土耳其和印度向俄國購入S-400防空導

彈系統，更可能要負上跟美國交惡的代價。說到底，美國的「重返亞太」戰略使中東地區呈現權力虛空，提供空間予俄國跟美國的傳統中東盟國打交道。美國總統川普對盟國的態度飄忽，也創造了一時之機予俄國去跟日本、韓國、印度和東協諸國改善關係。

不過，普丁的調子在西方政界聽不到多少唱和。川普政府近年不止一次對俄國實施制裁，使普丁認定美俄關係變得愈來愈壞；在G20峰會上二人會晤談及核軍備控制、伊朗、敘利亞、委內瑞拉等爭端，實際成果虛無飄渺。2018年在英國發生的神經毒劑襲擊案，俄國前特工斯克里帕爾和女兒在索爾茲伯里市遇襲中毒，導致英俄關係急速惡化，普丁在專訪中卻嘲諷這類間諜故事分文不值，不應影響兩國關係，造成數以億元計的經濟損失和影響數以百萬計國民的生計。普丁對英俄關係正常化的願景，倫敦似乎不以為然；他與時任首相梅伊在G20峰會上的晤談氣氛欠佳，兩國關係停滯。與此同時，歐盟成員國對於對俄實施制裁雖有微言，但整體立場仍保持一致，莫斯科對制裁可以在短期內撤銷也不寄厚望。

3.回歸19世紀的「非美式」治理

西方媒體常將俄羅斯塑造成修正主義國家，渴望改變現狀，顛覆當前國際秩序；不過，俄國學者反指美國為修正主義國家，破壞冷戰時的權力平衡，建立自身的單極霸權。就此，俄羅斯高等經濟大學教授的觀察有趣：對於現今國

際秩序的起源，美、俄的界定其實南轅北轍（Krickovic & Weber, 2016）。美國相信西方在冷戰中勝出，造就「歷史的終結」，美國有權主宰國際秩序；俄國則認為戈巴契夫主動結束冷戰，構想建立「歐洲共同家園」，達致美、俄共治全球。

其實，莫斯科的外交政策體現傳統主義，捍衛以國家主權為基礎的威斯特伐利亞國際關係體系——《威斯特伐利亞條約》於1648年歐洲「三十年戰爭」結束時簽訂，提出主權平等、不干預內政等原則。相對而言，西方國家近年提出「國家保護責任」（R2P），試圖合理化對利比亞危機等狀況進行人道干預，以保障國民的人權。俄國起初對此不置可否，但最終以保護僑民為由，不是也對喬治亞和烏克蘭採取軍事介入？由此可見，各國對「主權」持雙重標準並不罕見，尤其是當爭議發生在自己的勢力範圍之時。

對於俄國吞併克里米亞，美國前國務卿凱瑞揶揄之為「19世紀的做法」，大家其實又不妨就此顧後瞻前：19世紀國際政局由歐洲協調制度（Concert of Europe）主導，當中奧地利、普魯士、俄羅斯、英國、法國等強國維持勢力均衡，以外交協商避免衝突。其實這種國際秩序或多或少正是普丁所憧憬的——讓俄國與美國、中國等平起平坐，俄國藉此確立大國形象之餘，也保障俄方利益在國際大事上得到充分照顧。

二、俄版「後西方」世界秩序

　　七大工業國組織（G7）峰會2019年8月底在法國比亞里茨舉行，川普倡議俄羅斯重返G7，在峰會上觸發爭論。川普力陳俄國是全球議題的重要持份者，但歐盟擔憂此議會對莫斯科傳遞錯誤訊息，助長俄國的擴張行為。據了解，重組G8之議惹來強烈反彈，英、法、德、加領袖和歐盟理事長斷然拒絕，只有美國和義大利支持，日本則保持中立。

　　對於俄國重返G7，國際輿論不乏異議。究竟莫斯科如何解讀此議？俄羅斯是否回歸這個世界上已發展國家其中一個最重要的國際組織？這會對全球局勢帶來什麼影響？在莫斯科心目中，中國將扮演什麼角色？

1.「G7+1」峰會的「小夥伴」

　　作為政府間組織，G7峰會始於1976年，匯聚美國、加拿大、英國、法國、德國、義大利和日本這些主要工業國力量去應對當時影響深重的石油危機。此後，G7每年舉辦首腦會議，商討區域安全、反恐、經濟發展等全球議題。

　　早於蘇聯末期，戈巴契夫推出「新思維」外交政策，試圖暫緩冷戰的鬥爭局勢，希望可以跟西方共治世界。1991年戈巴契夫與G7國家元首會面，遊說西方陣營協助蘇聯的經濟改革，但蘇聯在同年年底解體。此後，俄羅斯時任總統葉爾欽的外交政策全盤西化，期望在西方陣營獲得「適切位

置」。俄國於1994年與G7國家進行商討，並於1998年首次以成員國身分參與G8峰會。2014年，俄國因吞併克里米亞而被凍結成員國身分，G8不復存在。

以往在G8峰會上俄國常處於孤立位置，實際上難言與西方國家平起平坐。俄國既非市場經濟體，亦非自由民主體制，在G8峰會上顯得格格不入，常常遭到其他成員國以針鋒相對的態度對待。例如2013年的G8峰會聚焦討論敘利亞危機，普丁力排眾議捍衛阿薩德政權，跟其他國家元首的意見有嚴重分歧。另一方面，俄國在G8峰會欠缺話語權，提出的動議鮮有得到西方國家支持（Frolov, 2019）。例如2006年俄國在聖彼得堡主辦峰會，將全球能源安全訂為核心議程，但其他7國反而藉機批評俄國利用能源作為經濟武器欺凌烏克蘭和喬治亞等周邊國家，更威脅將俄國逐出G8。

2.西方會籍代價不菲：放棄俄中聯盟？

在1990年代，俄羅斯藉著G8成員國身分突顯其大國地位，背後卻要付上沉重的地緣政治代價。1997年在赫爾辛基的美、俄峰會上，美國時任總統柯林頓公開支持俄國加入G7，葉爾欽「投桃報李」地對於北大西洋公約組織向東擴張說成是「勢在必行」，俄國只能盡力減低其負面影響云云。葉爾欽以實際的國防利益來換取只有象徵意義的虛名，是否重大的外交失誤？這筆「不對等交易」一直令不少莫斯科政要耿耿於懷，從此普丁否定全盤西化的外交政策，也批評美國乘虛而入——這種取態對普丁合理化其強人政治和大

國外交甚有作用。

　　若然俄國重返G7，也許能打破國際孤立的困局，甚或可以證明普丁的現實政治主張行之有效。不過，法、德兩國強調，只有莫斯科將烏克蘭衝突化解，方能重啟G8峰會。2019年9月初俄、烏兩國交換一批重要囚犯，包括2018年捲入刻赤海峽的24名烏克蘭水手，雙方元首都表示這是關係正常化的第一步。然而，俄、烏的根本矛盾如果真的易於化解，各方簽署的《明斯克協議》就不會遲遲未能全面落實吧？俄國致力將烏東地區變成「凍結衝突」，藉以阻礙烏克蘭加入北約和歐盟等西方組織。對俄國而言，重組G8的建議無疑是國際地位和實質地緣政治利益之間的抉擇，有葉爾欽的前車可鑑，普丁還會重犯歷史錯誤嗎？

　　在審視回歸G8的建議時，克里姆林宮除了考慮烏克蘭局勢之外，也會研判中國因素。隨著中、美貿易戰愈演愈烈，白宮參照戰略三角關係的思維，聯合俄國攜手抗中的建議時有聽聞。法國總統馬克宏早前也對普丁大吹和風，指西方將俄國孤立是戰略性失誤，間接促成俄、中聯盟。近年歐美對中國崛起提高警覺，試圖拉攏俄國加入西方陣營，抗衡中國勢力擴張。若然俄國重返G8，或會間接影響俄中關係。這相信也會是克宮的考慮之一，畢竟普丁的歐亞戰略致力開拓亞太地區融合，與中國的合作自不可少。

3.「後西方」的世界秩序：G8、G10還是G11？

　　儘管俄羅斯重返G8的興趣、可能性不大，但俄方樂於

藉機大打文宣戰，大肆宣揚西方陣營分裂和非西方勢力崛起，推動「後西方」世界秩序觀。

西方陣營的撕裂可分為兩個層次：一方面是美國和歐洲，另一方面是歐盟內部。川普政府和歐洲大國在伊朗核問題和氣候變化等重大全球議題上出現不小的分歧，而川普對待盟友的態度也破壞了跨大西洋聯盟的團結。即使是歐盟內部，在對俄國態度上也時有意見不一之象。例如德國無視美國制裁威脅和部分歐盟成員國的反對，堅持與俄國建設「北溪-2」天然氣項目；義大利與俄國維持傳統良好關係，曾多次呼籲歐盟停止對俄制裁；這次G7峰會前夕，法國總統馬克宏特別高調會晤普丁，會後在社交媒體以俄文發帖聲稱俄羅斯是「一個歐洲國家」，對於建立俄、歐之間的政治互信關係，信心堅定。隨著英國脫歐，擅長以雙邊形式打交道的俄國寄望歐盟進一步分裂，將歐盟國家分而治之。與此同時，這也解釋了俄國抗拒重返G8，避免成為G7國家的重要他者，被利用以重塑西方的身分認同和團結。正如他在會晤馬克宏時巧妙地說，雖然G8已經不復存在，但8個國家展開合作的可能性，他從來沒有拒絕過。

面對川普的建議，普丁以退為進，提出組成G10集團（G7+俄國、中國和印度）。俄國輿論不乏對西方衰落的批評，認為西方再也不能獨自處理全球議題（Konstantin, 2019）。作為烏克蘭危機、敘利亞內戰、伊朗核問題等主要安全議題的持份者，俄國對全球局勢穩定的影響舉足輕重。經濟上，近年新興市場國家維持高速增長，全球重心東移、

西方霸權終結、亞洲世紀等等說法大行其道。以金磚五國為例，其國民生產總值（購買力平價）佔全球的32.5%，與G7的經濟規模不相伯仲，俄、中、印等非西方國家的影響力與日俱增。儘管建構相關集團將牽涉諸多因素，短期內暫難成事，但普丁倡議成立G10的合理性，毋庸置疑。

反之，2020年6月川普邀請俄羅斯、澳洲、印度、南韓參與G7峰會，圍堵中國的色彩濃烈。俄羅斯對美方邀請不置可否，畢竟其他G7成員國如英國和加拿大也表明反對，擴展川普版本的G11恐怕難以成事。

相對在G8峰會成為眾矢之的，普丁在G20、金磚五國等平台顯得格外自在（Baunov, 2019）。俄羅斯是否應該避免陷入二元對立的冷戰思維，務實地追尋國家利益，專心走歐亞融合之路？

三、「大國」外交獨立性：從莫斯科看北京

中美貿易戰陷入膠著狀態，中國外交部保持措詞強硬：「中國一直都是不願打，不怕打，必要時不得不打。」這呼應習近平的講話：「該改的、能改的我們堅決改，不該改的、不能改的堅決不改」，展示在外交上久違了的獨立、大國「風範」。不過，中國領導人常提醒大家在觀察別國國政時要「聽其言、觀其行」。一直以來，能在美國面前具體地發揮獨立外交的大國，以俄羅斯為「典範」。比較俄、中經驗，也許是評估中國「大國」表現的有趣切入點。

1.大國外交的言與行

在俄國人眼中，大國處理外交須具獨立性——莫斯科國立國際關係學院教授闡釋，大國的特徵就是在國際舞台上扮演獨立自主的角色，不受影響地推動國內外政策以保障自己國家利益（Shakleina, 2016）。普丁在1999年12月30日（接任臨時總統前一天）發表〈俄羅斯處於歷史轉捩點〉，宣稱俄國從過去到將來都是強國，可靠地堅守國土，在國際層面維護國家利益。這篇被視為「普丁主義」的藍本和施政大綱。2016年俄國外交部發布〈俄羅斯外交政策構想〉，強調會按國家利益果斷和獨立地推行外交政策。俄國不同層面的為政者對外交獨立性的重視大致相近，自詡是世上唯一能抗衡美國的大國。

聽其言之後觀其行。即使是歐美國家向俄國實施巨大經濟壓力，普丁行動上沒有根本改變。以2014年克里米亞危機為例，烏克蘭出現大規模反政府示威，俄軍趁機奪取原屬烏克蘭領土的克里米亞，美國和歐盟指控俄國違反國際法，對之實施經濟制裁，令其經濟在2015和2016年出現負增長，亦導致盧布大幅貶值，造成俄羅斯金融危機。西方國家要求俄國歸還克里米亞給烏克蘭，以換取撤銷對俄經濟制裁，但莫斯科至今無視西方壓力，繼續管有克里米亞，又向烏東地區的頓涅茨克和盧甘斯克動作頻頻。

從俄方角度看，歐盟和北約向東擴展至烏克蘭是威脅俄國國土安全，俄方做出措施反制西方國家的故意挑釁，合

適、成理。2018年底刻赤海峽衝突可說是克里米亞危機的延續，西方列強對烏克蘭的支持更只不過是口惠而實不至，基輔也對北約的迴避態度公開表示失望。

歐美制裁未見成效，俄國的外交獨立性深受國內群眾支持。併吞克里米亞後，普丁的支持度最高一度飆升到89%，並且長期維持在85%至86%超高水平。負責民意調查的列瓦達中心認為「克里米亞效應」源於俄國民眾對大國形象的追求，支持普丁帶領俄國重拾蘇聯時期的國際地位，與美國平起平坐（Dmitrieva, 2018）。高民望反過來有助普丁塑造對外的強人形象，使他更有力量維持其獨立外交政策。

另一方面，俄國透過戰略重心調整來解除國際孤立。《金融時報》報導，俄與英、德、法、意等歐洲強國在能源方面暗中合作；作為全球第二大武器出口國，俄國2017年武器出口額達150億美元，包括向中國、印度、土耳其等東方重要國家出售S-400防空導彈（Foy, 2018）。在能源和武器出口支持下，俄國經濟漸次復甦，2018年本地生產總值錄得約2.3%增長。面對西方制裁的「新常態」，俄國藉群眾支持和建立戰略新夥伴，展示具體的大國實力，保持外交政策不受美國左右。

2.俄國視角的中美貿易戰

自習近平掌權以還，中國外交方針嘗試從韜光養晦變成奮發有為，提出中華民族偉大復興的「中國夢」、「人類命運共同體」等戰略思維和治國理念。然而，儘管近年經濟

發展一日千里，俄國認為中國在國際層面仍未能擔當主要角色。俄羅斯遠東研究所專家卡申稱，北京在重大國際議題上仍會先諮詢莫斯科意見，並傾向支持後者倡議，在外交上頗為依賴莫斯科（Kashin, 2012）。於是，即使俄國經濟實力不及中國，卻依然是非西方世界的領導者。試看目前重大的國際議題和危機：北京要夥同莫斯科軟硬兼施去嘗試化解朝鮮危機和表態堅持遵守伊朗核協議。在其他議題上扮演主導角色是俄國，例如以軍事介入鞏固敘利亞阿薩德政權、武力「調解」烏克蘭危機、主持阿富汗與塔利班和談、派遣軍機具體表態支持委內瑞拉馬杜羅政府。而中國就這些國際安全危機只是提供經濟援助，政治上採取被動態度，未能在重要國際議題上獨當一面。

中美貿易戰對中國經濟造成打擊，也同時測試中國是否具備當大國的底氣。美國要求中國進行結構性經濟改革，否則將會全面提高對中國商品的關稅；除貿易條款外，美國也要求中國限制知識產權盜竊、尊重南海自由航行權和停止干涉別國內政。美國彷彿是以冷戰式遏制戰略對付中國，企圖迫使中國調整其對外戰略。如中國向美國讓步，可能就要放棄自己的大戰略，包括「中國製造2025」產業升級策略、南海領土爭議的部署和「一帶一路」倡議。若北京未能堅守大戰略和抗衡美方壓力，「大國」外交又談何容易呢？

3.大國主義是北京所能及嗎？

　　儘管俄、中兩國的世界觀、地緣政治戰略、發展模式等不盡相同，但俄國模式仍值得北京對照、反思。俄國以十年前的喬治亞戰爭和目前烏克蘭危機向美國表明它不願當加拿大，成為次等的全球原材料供應國。那麼中、美貿易戰對中國是危也是機嗎？向美國妥協，中國將變成另一個日本，一個向美國提供製成品的「附庸國」？抑或拒絕讓步，以顯示中國外交具備獨立意志，贏得「大國」獨立性？北京如何回應中、美貿易戰，將成為「中國崛起」的轉捩點嗎？

　　也值得反思的是，普丁風格的大國主義就是習近平的追求目標嗎？年前大陸媒體「今日話題」透露，網民調查發現普丁在中國的支持率長年在90%以上；他勇於抵住西方壓力、捍衛國家利益是主因之一（這類網民投票的科學性又不宜高估），但大國主義跟習近平要建構合作共贏的「新型大國關係」不是有明顯差異嗎？過盛民氣不會對外交政策彈性造成掣肘嗎？況且，年前保釣反日運動期間，示威活動到後期喊出了多黨制改革要求，相信習近平不敢或忘，也不會記不起俄、中政治制度的根本分別。大國外交到底應如何說起？

四、「網路主權」爭議：中俄互相學習？

　　2019年俄羅斯通過「網路主權」議案（下稱《議案》），

旨在建立獨立自主的網際網路，在必要時切斷與國際網路聯繫下，仍能獨立運作。俄國議案自然與中國「防火長城」相提並論，畢竟兩國都是「數位威權主義」（digital authoritarianism）的佼佼者，運用高科技監視、打壓、操縱國內外民眾（Polyakova & Meserole, 2019）。近年，以俄羅斯與中國為首的「非西方」國家正爭奪全球網路規範的話語權，提倡增強網路監控以保護國家主權，與主張開放和自由網路的西方陣營形成強烈對比。

有別於中國的情況，俄羅斯國民曾享受網路自由；將它從有變無，定必引起民間強烈反彈。而且，中國的防火牆牽涉龐大成本，絕非俄羅斯所願意承擔。因此，俄羅斯頻頻推出「惡法」，傾向以嚴刑峻法逐步收窄網路自由。過程中，能看到俄、中互相參照借鑑嗎？

1.「網路主權」議案：不可能的任務

普丁「強人」形象的其中一例，是他聲稱自己甚少上網，甚至沒有智慧型手機，又指出「網際網路只是美國中情局的工具」。在美國推進第三次「抵消戰略」（Offset Strategy）時，網路資訊將成為爭戰勝敗的主因之一，2019年初美國入侵俄羅斯電網有示警作用。普丁政府試圖「斷網」之舉的可行性，以及俄國網路自由的前景，都成為關心全球網路管治的重要課題。

克里姆林宮聲稱俄國將面臨美國的網路威脅，有必要通過《議案》鞏固國家網路安全措施。不過，網際網路以分

散式系統運行，美國要將俄國與全球網路聯繫切斷，技術上幾乎是不可能的任務。但反之亦然，誠如甲骨文旗下科技公司Dyn首席科學家Jim Cowie指出，俄國擁有超過三百家間網路供應商（ISP）負責連結俄國和外國網路，終止它們服務需要大量人力物力。《議案》將三百多家網路供應商的工作集中於監督局身上，也是強行把不可能變成可能。世上致力「斷網」的例子，除了中國之外，還有埃及和敘利亞，但它們分別只有十個和兩個ISP。都柏林城市大學教授直言，《議案》落實後俄國只有單一網路供應商，俄國網路系統反而會變得更脆弱，執行《議案》時，監督局將面臨眾多意想不到的技術難題（Lipman & Lokot, 2019）。年前俄國當局封殺通訊軟體Telegram時，誤封其他公營機構和商業網站，造成嚴重網路癱瘓，可算是前車之鑑。

據專家估計，當局須斥資250億盧布（折合約3.7億美元）興建完備系統處理俄國境內龐大網路流量。另外，政府還要向企業賠償相關的經濟損失，每年賠償金額高達1,350億盧布。俄國政府遲遲未有交代相關費用如何安排融資。

2.圍城心態容忍網路受制？

根據國際人權組織透露，2018年俄羅斯錄得662,842宗違反網路自由的個案，當中大多數為非法封鎖或屏蔽網路資訊（International Agora, 2019）。《議案》授予有關當局更多權力干預網路流量，難免惹人質疑俄國藉此加強網路審查和限制言論自由。

列瓦達中心發現國內活躍的網路用戶較積極參與社會和政治事務，如投票、參與政黨活動、示威等（Levada Center, 2019a）。2011年俄國爆發大型反政府示威，反對派領袖納瓦爾尼（Alexei Navalny）透過網誌和社交平台鼓動群眾上街，打算發動俄國的「茉莉花革命」。自此，政府不斷立法收窄網路自由：2012年立法將含有害內容（如兒童色情、毒品、極端主義等）的網頁列入黑名單；2014年立法要求外國社交網站、通訊程式及搜尋器等，將當地用戶資料儲存於俄國境內最少六個月；同年將《極端主義法》延伸至網路空間，在社交網站點讚和轉發不當內容可遭處罰；2017年立法規管網路上涉及仇恨言論的內容。

俄國人可以往訪Google、YouTube、Instagram等外國網站，但由於語言隔閡，俄國自家擁有的俄語網站仍然較受歡迎，而克里姆林宮近年就向它們施壓。根據Similar Web調查，2019年最受老百姓歡迎的「俄網」為Yandex和Vkontakte。被視為俄版Google的Yandex是俄國主要搜尋器，市場佔有率達52%，在荷蘭註冊和美國納斯達克上市。儘管Yandex避過親政府組織的敵意收購，但仍須遵守俄國法例；自2014年起，只有已向監督局註冊的新聞網頁才會出現於Yandex新聞的搜尋結果。納瓦爾尼早前就投訴他的反貪運動遭到Yandex新聞屏蔽。Vkontakte則是俄版Facebook，為俄語人士的主要網路社交平台。2014年創辦人杜羅夫（Pavel Durov）被迫出售Vkontakte的控制權予親政府大亨，並流亡美國。

俄國政府對人民的網路空間咄咄進逼，但老百姓卻似

乎逆來順受。根據全俄羅斯民調研究中心的調查，58%的俄國人支持政府在緊急情況下或爆發大型示威時封鎖網際網路（VTsIOM, 2015）；民調又顯示42%受訪者相信外國會利用網際網路攻擊俄國。長久以來，俄國人被灌輸圍城心態，被警告俄羅斯常年四面受敵；在草木皆兵的處境之下，政府要將主權置於人權之上。「圍城」之說既為普丁的高壓管治開脫，亦合理化了莫斯科要將前蘇聯加盟共和國納入為其勢力範圍之內。自烏克蘭危機以來，克宮渲染孤立主義，強調俄國要獨立自強，面對西方經濟制裁，人民要捨棄安逸以換取強大國防來捍衛國家主權，網民放棄網路自由來保障國家網路主權和國土安全，儼然合理不過？

3.網路管制乃全球共識？

　　俄方認為網路管制乃大勢所趨，即使西方民主國家也有立法規管網路空間。普丁曾為中國的網路監控辯護，指中國人口眾多，管制有理；他又稱「所謂網路自由早已不復存在，全球各國都有立法規管網路行為」。現在身處俄羅斯的美國前中央情報局成員斯諾登（Edward Snowden），於2013年向媒體揭發美國政府監控國民通訊；2017年德國通過《網路執行法》，規定社交媒體平台必須在24小時以內刪除涉及仇恨言論的內容，否則將面臨巨額罰款；2018年歐洲人權法院裁定英國的大規模監控計畫侵犯國民隱私權；也在2018年法國通過「假新聞」法案，打擊選舉期間在網路社交平台散播假消息。由此看來，俄方只不過是「真小人」，西方國家

才是「偽君子」，俄國《議案》只是在網路安全上先行一步而已？

在國際層面上，莫斯科也嘗試搶奪全球網路規範的話語權。俄羅斯、中國和其他上海合作組織成員國早於2011年草擬《國際信息安全行為準則》，內容著眼於國家主權和網路管制。它們多次向聯合國大會遞交草案，但都不獲接納。美國、歐盟和其他西方國家批評草案未有清楚定義網路威脅，擔心有專制國家會藉此合理化網路審查和監控。西方陣營提出對立的網路治理模式，主張開放和自由等原則——理論或許動聽，卻缺乏實際措施。

4.訊息自由對國土安全弊多利少？

普丁熱衷於區塊鏈技術，並致力推動俄羅斯發展數位經濟。不過，區塊鏈技術主張去中心化，與上述《議案》的新措施背道而馳。收緊網路自由阻礙俄國吸納科研人才，更可能迫使國民遷往其他國家發展。列瓦達中心調查發現53%年輕人（18-24歲）希望移民，較整體受訪者高兩倍（Levada Center, 2019b）。毗鄰的愛沙尼亞積極推廣「新創」（Startup），已經吸引了不少年輕俄國人移居創業。克宮擔憂國土安全威脅，如何同時與國家的長遠發展取得平衡？弔詭的是，莫斯科歡迎華為參與建設國內的5G網路，漠視西方國家對它的安全憂慮。

即使只是聚焦在軍事戰略，雖然華文媒體都傾向將年前開始美軍著力提倡的第三次「抵消戰略」詮釋為針對中國

解放軍，但相信俄羅斯的軍事復興不可能不是美軍的顧慮之內，但關鍵其實在於這戰略著重網路化、資訊主導，若只論勝負而不辨君子小人，參謀長聯席會議副主席塞爾瓦（Paul Selva）的論說對克里姆林宮不無反思價值：在一個資訊自由的國家，軍人能全方位掌握資訊，便於在自動化作戰時做出最佳決定，當作戰網路癱瘓時也能主動採取最佳應對措施；但是在一個專制和資訊不自由的國家，不利於軍人們在作戰時快速精準地採取行動。這種戰略思維，克宮不妨好好反思。

五、「非西方民主」的考驗

全球民粹主義興起，又不乏新興民主政權失敗，國際輿論慨嘆民主退潮。普丁批評自由主義已經不合時宜，反倡導「主權民主」（Sovereign democracy），與中國鼓吹的「北京共識」（Beijing Consensus）似乎互相呼應。俄、中兩國的治理模式走「非西方」方向，引來熱烈辯論，間接削弱西方自由民主的話語權。前者將會是後者的替代方案嗎？

1.疫情觸發管治危機

這裡可以從肆虐全球的「新冠肺炎」所帶來的管治危機談起。以確診個案來釐定，俄羅斯一度是疫情的全球第三大重災區。疫情嚴峻，政府責無旁貸，也揭露各種管治弊端。普丁任內建立「垂直權力」（Power vertical）體系，

將權力從議會、聯邦主體和寡頭商人手上收歸中央（Sakwa, 2013）。在極度個人化的政治制度下，普丁少有親身應對肺炎危機，反而「下放」權力予幕僚，避免揹負防疫不力的指責，賠上管治威信。

有別於1990年代葉爾欽治國乏力下的三權分立幻象，普丁掌權後致力集權以重建社會穩定，全面實踐超級總統制；治國方法主張「微觀管理」（Micro-management），牢牢控制各種決策權，使官僚逐漸抗拒主動解難，但求明哲保身。他的幕僚不再是多年親信，而是一群年輕、忠誠、無政治野心的技術官僚；他們普遍易於被操縱，成為強人傀儡的合適人選。不過跟一般政客不同，技術官僚與群眾關係疏遠，不擅長做出迅速、果斷的決策，應對危機時顯得有點畏首畏尾。

基於俄羅斯的高度集權體制，普丁忽然將領導抗疫工作的權力賦予政府部長和地方市長，難免釀成管治災難。他安排莫斯科市長索比亞寧（Sergey Sobyanin）領導防疫，或許是試圖推卸防疫不力的罪名；也有說烏克蘭危機之後，他專注於外交和國家安全，內政上退居幕後。疫情期間，克里姆林宮與地方官僚的說法常見自相矛盾，防疫措施訊息混亂，影響工作成效。疫情重創俄羅斯經濟、加深社會撕裂，也使普丁的民望跌至歷史新低。

2.逆權運動的意義

疫情揭露政府的管治弊端，但普丁體制的毛病其實早就有跡可循，並在近年多場逆權運動中表露無遺。2018年

政府提出年金改革，大幅調升退休年齡門檻，民間強烈反彈，迫使普丁對改革做出些微讓步。各地針對民生議題的示威愈發頻繁，如西北地區阿爾漢格爾斯克（Arkhangelsk）反對興建垃圾堆填區、葉卡捷琳堡（Yekaterinburg）抗議公園改建教堂、新聞同業聲援獨立偵查記者戈盧諾夫（Ivan Golunov）被誣陷，等等，政府都做出各種妥協。

不過，普丁對待反政府的政治性示威態度始終強硬、寸步不讓。2019年首都莫斯科爆發連續多週的集會示威，抗議反對派人士被褫奪市議會選舉的參選資格，規模之大舉世譁然。這揭示俄國「操控式民主」（managed democracy）——政治權力核心由缺乏競爭性的選舉產生——始終暗湧潛行不息。

除了執政的統一俄羅斯黨（United Russia），俄國國會議席長年由共產黨、公正俄羅斯黨和自由民主黨分配。它們屬於「體制內反對派」（Systemic opposition），縱有不盡一樣的政見，但投票意向其實無異於建制派。3個「偽反對黨」製造了民主假象，讓選民象徵式地向政府表達不滿，其實為普丁政權認受性塗脂抹粉，同時保證政府施政不被阻撓。近年國民似乎已洞悉民主假象：統俄黨的支持度跌至十年新低的31%，42%受訪者認為沒有任何政黨能代表他們的利益。

目前俄國的「體制外反對派」以納瓦爾尼為首，但他們勢力分散，內部派系鬥爭劇烈，欠缺執政意志，難以對政府施政發揮長足影響力。克里姆林宮也努力將之邊緣化，限制

他們參選以避免提升其認受性。

　　近年俄國經濟停滯不前，間接使示威浪潮接二連三。觀乎俄羅斯聯邦統計局（Rosstat）、社會輿論基金會（FOM）、列瓦達中心等調查顯示，俄國各種經濟指標都差強人意，例如人民實質收入連續5年下跌、貧窮率高達14.3%（較前一年增加1.7%）、24%受訪者認為他們的財政狀況正在惡化、65%表示缺乏儲蓄——與此同時，超過25%民眾表示願意參與示威去抗議生活水準下降，較2019年同期上升一倍多。

3.「普丁永續」的劇本

　　抗疫不力、民不聊生，俄羅斯管治問題的癥結只在於普丁一人身上嗎？不過，2020年初普丁發表國情咨文，突然宣布修改憲法，似乎為自己永續執政而鋪路。新憲法生效後，普丁能夠「任期歸零」重新競選總統，理論上容許繼續掌權至2036年。根據民調，在願意投票的俄羅斯人當中，近60%表示支持修憲安排（Levada Center, 2020a）。在克里姆林宮的操縱下，修憲公投在2020年7月獲得高票認同（王家豪、羅金義，2020d）；不應忽視的是儘管2019年有54%俄國受訪者支持他連任，但反對者一直增加，從2018年的27%上升至2019年的38%。

　　兩年前中國國家主席習近平提出修憲，有輿論說他成為「終身主席」變得可能，但普丁一直沒有仿效「中國模式」。克里姆林宮擔心假若普丁修憲取消總統任期限制、直

接宣布永續執政，將再次激起民情大力反彈。如果俄國權力核心逐漸轉移至議會，普丁卸任總統後或會出任總理，猶如2008年與梅德韋杰夫合演的「旋轉門」把戲；當然，這也要視乎統俄黨於2020年「國家杜馬」選舉的表現，它支持度每況愈下，若然選舉失利，說不定會打亂普丁的大計。

普丁也或可擔任「國務委員會」（State Council）主席——新憲法將它由諮詢組織改為法定機構（但其實際權力仍未有定案）。2019年哈薩克強人納札爾巴耶夫辭任總統，改任國內權力最大的「國家安全委員會」終身主席，繼續主宰國家重要政策，普丁也可從中取經，利用「國家安全委員會」（Security Council）繼續指點江山。他在2011年簽署總統令，使「國安會」凌駕於俄國政治體制，直接聽命於總統。國安會由議長、外長、國防部長等掌握實權的人物組成，其祕書長是前「聯邦安全局」局長帕特魯舍夫（Nikolai Patrushev）。

另一個可行方案是「喬治亞模式」：普丁擔任執政黨主席，在幕後操縱大局。喬治亞首富伊萬尼什維利並無官職在朝，卻又能權傾朝野而無須負擔政治問責；不過此君逐漸被批評施政不負責任，與社會脫節，成為喬治亞最不受歡迎的政治人物，值得普丁殷鑑。

不少國際輿論相信，普丁「永續執政」幾近毫無懸念，只視乎他會將自己安身何處。俄國權力布局素來表裡不一，只要普丁繼續活躍於政壇，他必然成為權力核心。面對洶湧群情，普丁對各個延續權力的選項保持開放，要確保形

勢一旦生變之時可以為自己留有選擇餘地。克里姆林宮的智囊蘇爾科夫（Surkov, 2019）曾揚言，普丁主義已經成為揮之不去的治國制度，不會因普丁本人離去而受到動搖。2020年初英國《金融時報》發表專訪，題為「普丁世代」（Generation Putin），也有受訪者形容普丁不是人，而是揮之不去的制度，所以對前途充滿無力感。根據列瓦達中心民調，53%年齡介乎18至24歲的俄國人都希望移民外國。普丁繼續執政對俄國人口危機似乎弊多利少——他一方面承諾發放生育津貼以鼓勵生育，卻無視年輕技術人才流失問題，使國家人才的前景愈見暗淡。

2024年普丁將年屆71歲（俄國男性平均壽命為67歲），他有沒有認真思考自己身後將留下什麼政治遺產給俄國？國家的長遠發展會因為自己的永續執政走向何方？他始終要面對權力交接的一天，而權力交接的制度愈遲建立、愈模糊，將對俄國的長遠發展愈不利。相對於西方民主國家，俄羅斯政局算不算危如累卵？真的可以成為其他國家的仿效對象嗎？

六、「天下制裁」：俄羅斯大國夢難圓？

「天下制裁」中國的提法，自2019年夏天香港爆發「反修例運動」以來一直沸騰，2020年7月「港版國安法」出台，辯論再次甚囂塵上。這裡不打算評估成事的可能性，但一旦成真，情勢或將如何？近年「天下制裁」大國的對象俄

羅斯，跟中國相近之處不少（當然也不應忽視相異之處），考察它這幾年的經驗，對北京或會有一點參考價值嗎？

不少人認為國際制裁成效不彰，常被引用的例子就是吞併克里米亞之後的俄羅斯。2014年西方國家希望以制裁對俄國施加經濟壓力，令總統普丁受民意影響而讓步。俄國經濟確實受挫，但普丁民望一度飆升至接近90%（Levada Center, 2020b），亦無意對克里米亞鬆綁，甚至繼續操縱烏克蘭東部的頓巴斯戰爭。制裁儼然失效，甚或產生反效果，加強了普丁的管治威信。不過幾年之間俄羅斯戰略產業的長遠發展備受重擊，大國復興之夢又是如何光景？

1.聚旗效應：意料之內與之外

俄羅斯經濟下滑、跟西方世界交惡，確實一度令普丁失去部分支持。但「收復」克里米亞的得著抵消了這些代價——俄國人對克里米亞「回歸」極為亢奮，普丁除了「糾正」歷史錯誤，也重振國家的大國地位，被視為民族團結象徵，支持度短暫提升。

西方國家採取「精巧制裁」（smart sanctions），對普丁親信實施資產凍結和禁止入境，期望老百姓將矛頭對準政權而不是怪責西方。然而俄羅斯經濟是寡頭體系，寡頭商人主導各行各業，制裁造成溢出效應，經濟衝擊蔓延至整個社會。莫斯科採取反制措施，禁止歐盟食品進口，間接令俄國食品價格上漲，民眾生活成本增加。在國營媒體渲染下，老百姓逐漸認為西方制裁是針對全體人民。普丁成功推卸治理

不善的責任，諉過於實施制裁的西方國家。

尤有甚者，制裁未有令俄羅斯權貴「棄船」而造成政府內部危機，反使他們更加擁護普丁政權。對西方智囊來說，制裁產生這「聚旗效應」（rally 'round the flag effect）可能是意料之內，始料不及的是普丁的極高民望維持了四年之久。

2.西方制裁衝擊深遠？

西方制裁也劍指俄國金融、能源、軍事等最重要的戰略產業。「克里米亞效應」為普丁爭取時間應對挑戰，例如鼓勵本地生產、加強與中國合作。但西方資本和技術從而得以彌補嗎？

制裁禁止俄國銀行、能源和國防企業在歐美市場融資，使它們資金流動性大減，資金外流嚴重打擊俄國的信貸評級和海外投資者信心。根據聯合國貿易和發展會議（UNCTAD）資料，俄羅斯的外國直接投資流入量從2013年的692億美元銳減至2015年的17億美元（Dragoi & Balgar, 2016）。由於融資困難，政府動用30%的中央政府穩定基金向銀行大規模注資，乘勢將金融機構國有化。目前政府控制逾60%金融機構（World Bank, 2019），但未對它們進行有效監管，導致銀行放貸過分進取，壞帳風險激增。為了防範外圍經濟衝擊，普丁採取保守的財政政策，建立約1,500億美元的國家財富基金（Biryukov, 2020）；又積極推動去美元化，如減持80%美債（明報專訊，2018）、對華出口以歐元結算、自主開發轉帳系統取代SWIFT等。不過，俄羅斯始

終未能開闢融資新渠道，中國和日本資本僅佔其直接海外投資的1.6%和1.4%（UNCTAD, 2019）。缺乏外資的俄國由政府主導國內投資，效率和透明度都不容樂觀。

俄羅斯經濟依賴能源出口，但歐盟也依賴它的進口能源，所以西方制裁瞄準其長遠能源開發。西方企業被禁向俄國石油產業提供先進科技、設備和投資，阻礙其深海和北極地區勘探，以及頁岩油開發。俄國的液化天然氣和離岸油田開發項目極度依賴西方設備和技術，特別是水平鑽井（horizontal drilling）和水力壓裂（hydraulic fracturing）。面對西方制裁，俄羅斯天然氣公司與中海油田服務在北極卡拉海進行聯合勘探，也向南韓大宇造船海洋工程採購液化天然氣船。不過，中國勘探設備未能應付北極的惡劣環境，也欠缺先進技術開採海底石油（相關技術由美國和挪威企業獨家擁有）。俄羅斯政府提供資助，鼓勵油企自主研發能源開採設備，但進展未如理想。國營地質勘探公司（Rosgeologia）承認，本地生產設備成本是進口的4至5倍，而且耗時長、質量參差；近70%俄國能源企業表示，不會全面取締西方技術，擔心國產設備將拖垮其競爭力（Trickett & Shagina, 2018）。俄國油企在制裁下不斷鑽空子，如透過西方企業的子公司獲取先進技術，但規模有限。

制裁禁止向俄羅斯出口可供軍事用途的軍商兩用貨品，干擾其軍事供應鏈和現代化步伐。儘管俄羅斯致力實踐國防自主，但在烏克蘭危機前，它持續引進西方技術以改良武器裝備。在2011至2013年間，俄羅斯向歐盟進口的軍商兩用

貨品估計每年達200億歐元（Cwiek-Karpowicz, 2015）。隨
著俄、烏交惡，烏方拒絕向俄軍提供重要武器零件，如軍機
引擎和軍艦燃氣渦輪發動機等。去年俄羅斯核潛艇「AS-31
號」失火，其電池艙正是取代烏克蘭進口的國產貨。國防部
推動本地生產，暫時只能取代一半西方進口零件；它也向中
國採購零件，但中方的精密機械未達水平，不能滿足俄軍要
求。猶幸廉價和可靠的俄製武器仍然深受發展中國家歡迎，
軍火交易獲利短暫舒緩國防企業財困。

3.俄羅斯大國夢碎？

　　「克里米亞效應」曾經燃點了俄國人的大國夢想，但
西方制裁是否將之逼上衰落之路？普丁從地緣政治角度看經
濟，過度囤積儲備應對外圍衝擊，經濟發展淪為次要考慮。
近年政府上調增值稅和提高退休年齡以鞏固國家財政，觸發
民怨反彈，普丁都一一讓步。這些民生爭議恐怕與日俱增，
政府管治陰霾漸厚。面對技術難題，俄國被迫延後開發北極
和研製新式武器，經濟和軍事實力受挫連連。

　　普丁曾經嘗試打造歐亞經濟聯盟以重塑其大國地位，但
現下門前雪厚，哪來巨額援助打理其他成員國的瓦上之霜？
面對國際孤立，唯有將戰略重心東移中國，但當依賴日甚，
幾成中俄同盟當中的「小夥伴」（junior partner），彷彿與
歐亞大國的願景背道而馳嗎？

　　克里米亞危機爆發時，國際輿論一度論及北京會否武統
臺灣。當時的研判是它顧忌國際制裁，不會輕舉妄動。如

果今天的中國已經無懼制裁，那麼下一波事態將予人什麼
聯想？

七、小結

　　俄國提出的全球治理模式跟西方的截然不同，亦否認西
方批評它為修正主義國家，反指自己的外交政策體現傳統主
義，視國家主權為至高無上的原則。普丁憧憬國際秩序回到
19世紀的多極世界，由俄國、美國、中國等大國協商解決
國際大事，互不干預各自勢力範圍。應該注意的一些國際輿
論是，中國反而嚮往中、美共治的G2世界，當中俄國地位
稍遜。

　　普丁對重返G8態度開放而不積極，同時樂於跟中國、
印度、巴西等新興國家攜手合作，嘗試建立「非西方」的
國際組織。莫斯科特立獨行，無懼西方制裁和國際孤立，拒
絕在克里米亞議題上讓步，但幾個主要的戰略性發展領域備
受重大衝擊。國情不一樣的北京應該如何參照──尤其在美
國國務卿蓬佩奧在2020年7月高調宣讀了被視為「新冷戰宣
言」的〈共產主義中國與自由世界的未來〉之後？克里姆林
宮以國家安全為由限制網路，與中國的網路監控大同小異；
除了削弱網民自由外，「網路主權」法阻礙區塊鏈技術和數
位經濟的發展，長遠而言是否明智之舉？縱使莫斯科示威涉
及經濟因素，但群眾對俄國民主假象的不滿不容忽視，說不
定會影響普丁對永久執政的抉擇。

儘管俄國創立獨樹一幟的全球治理模式，但克宮也強調「俄國模式」未必適用於其他國家。按照自身獨特的文化價值和歷史路徑，走出獨立的發展道路，正展現「非西方」全球治理求同存異精神，同時不能否認前景滿是挑戰；中國崛起的模式，以及對「一帶一路」的推展，從中也應該得著不少反思？

第七章
結論

　　「絲綢之路經濟帶」有賴俄羅斯的支持，但克里姆林宮對助長北京在歐亞不斷擴展影響力自然有所忌憚，參與「絲綢之路經濟帶」口惠居多，眾多合作項目的完成似乎遙遙無期。「一帶一盟」合作務虛為主，「莫斯科－喀山高鐵」和「中吉烏鐵路」等「旗艦」項目，多年來停滯不前。俄國鼓動中亞五國的「恐中症」、東歐國家的能源資源、南高加索三國的「凍結衝突」，對中國推動「絲綢之路經濟帶」帶來挑戰。俄國擁有自己的歐亞融合大計，會否毫無條件地為中國縫做嫁衣裳？

　　俄國主導的歐亞融合也是挑戰重重：白羅斯和哈薩克雖然加入歐亞經濟聯盟，但致力追求外交多元化；烏克蘭和喬治亞全心投入西方陣營，對參與歐亞融合態度消極；波羅的海國家已加入北約和歐盟，對俄國威脅保持警惕。歸根究底，歐亞國家脫離蘇聯獨立，對國家主權珍而重之，抗拒再從屬於俄國魔下。俄國的「帝國思維」認為歐亞國家只有「次主權」，正是近年與西方頻頻爆發「代理人戰爭」的根本原因。中國推動「絲綢之路經濟帶」，為歐亞國家提供了重要的新選擇；然而，北京必須尊重歐亞國家的主權和實踐「一帶一路」倡

議的兼容性，避免招致它們的反彈及引起俄國的敵意。

俄國推動的「大歐亞」戰略重亞輕歐，致力嘗試鞏固與中國的戰略合作；然而兩國在中亞始終放不下較勁角力的態度。雙方國力差距日漸擴大，俄國嘗試跟印度和日本加強關係，唯其經濟實力尚有不足，美國跟印、日關係緊密，都對莫斯科的想法做成障礙；它在朝鮮核危機和東協事務的角色也相對有限。莫斯科的亞太戰略雷聲大雨點小，令中國推動「一帶一路」依然存在不少空間。到底俄國最終會在東西之間左右逢源，抑或變得東不成西不就？

美、俄、中三大強國的博弈形勢愈演愈烈，「聯俄抗中」實際上不可行，美國將面對俄、中在不少事務上聯手。亞太地區正面臨核軍備競賽風險；北極地區日趨軍事化，「冰上絲綢之路」前景機會與障礙並存；俄國爭取重新成為中東和非洲的重要持份者，為中國在當地推展「一帶一路」既帶來契機也製造了負擔；基於資源緊絀，俄國的全球戰略以投機為主，期望扮演中、美以外的第三股勢力。

俄國提出與西方不同的全球治理模式：現實主義世界觀講求國家利益，看輕道德價值；「後西方」全球秩序提升新興國家的國際話語權；大國具備外交獨立性，不受國際壓力影響；網路管制考慮國家主權先於人權保護；西式自由民主有礙經濟發展和社會穩定……等等。「俄國模式」與「中國模式」相似，前者彷彿為後者提供鏡象。它們將在全球秩序中找尋哪種適切位置？復興之夢又將要付出什麼代價？雙方都應該深思不斷。

後記

　　三年前我從莫斯科完成碩士課程回港，在前路茫茫下遇上了羅金義教授，知遇之恩沒齒難忘。過去兩年工作中，我有幸與羅教授合作撰寫時事評論、接受媒體訪問、出版學術著作，全都是意想不到的收穫。除了學術素養外，我從羅教授身上領悟到待人處世的哲理，對我畢生受用。這本書最終能夠面世，有賴羅教授的打點安排，我十分感激。

　　此外，我要感謝香港嶺南大學的張泊匯教授。張教授是我的本科畢業論文導師，曾指導過我研究烏克蘭危機，啟發我對俄羅斯外交的興趣。猶記得畢業後，張教授提議我到莫斯科升學，讓我正式走進俄羅斯研究的學術領域。

　　最後，我希望向父母與兄弟表達敬意，讓我可以任性遠走俄羅斯、嘗試做自己喜歡的事。我也要感謝香港教育大學社會科學系的同事、公司飯團朋友、快樂足球群組，以及在身旁支持我的所有人。

王家豪

＊　＊　＊　＊　＊　＊　＊　＊　＊　＊

本書的主要撰述者是王家豪學弟，我只是扮演輔助者角色，並且從中獲益良多。過去我有關注「一帶一路」倡議的情況，但「俄羅斯研究」是門外漢了；學無前後，達者為師，在此必須對家豪帶領我進入這個新的學習領域表達謝意。

這裡不少篇幅的初稿曾經以時事評論的方式登載於一些香港的新聞媒體，包括《明報‧觀點》、《明報‧星期日生活》、《信報財經新聞》、《關鍵評論網（香港）》、《亞洲週刊》和《立場新聞》。摯誠感謝各位編輯的支持和指教（特別感謝歐嘉俊先生），這對本書得以面世十分重要。香港貿易發展局和團結香港基金慨允本書登載他們的繪圖，謹此致意。張裕亮教授的支持、蕭督圜博士的鼓勵、秀威同仁的成全和幫忙，是本書成事的關鍵，我們銘感於心。

對個人而言，參與本書的撰述工作之際，也正是我人生最為悲苦困厄的日子。人到中年，總算以「身、心、靈」親嘗過人情冷暖、世態炎涼。但願他日翻看本書時憶想起的，都是當日不離不棄的至愛親朋的恩情。

羅金義

參考文獻

中文部分

水志偉（2015）：〈一帶一路：中國改變國際物流格局〉，《團結香港基金》2015年11月1日。https://www.ourhkfoundation.org.hk/zh-hant/report/37/%E7%B6%93%E6%BF%9F/%E4%B8%80%E5%B8%B6%E4%B8%80%E8%B7%AF%EF%BC%9A%E4%B8%AD%E5%9C%8B%E6%94%B9%E8%AE%8A%E5%9C%8B%E9%9A%9B%E7%89%A9%E6%B5%81%E6%A0%BC%E5%B1%80

王家豪、羅金義（2020a）：〈民眾抗爭能推倒白羅斯專制統治嗎？〉，《明報》2020年8月19日，B12版。

王家豪、羅金義（2020b）：〈民族主義挾持阿塞拜疆與亞美尼亞之戰？〉，《明報》2020年10月5日，B08版。

王家豪、羅金義（2020c）：〈肺炎疫情下的油價戰：全球變局的陰謀？〉，《明報》2020年10月5日，B09版。

王家豪、羅金義（2020d）：〈「普京永續」惡法「公投」：獨裁者風光背後？〉，《立場新聞》2020年7月8日。https://www.thestandnews.com/politics/%E6%99%AE%E4%BA%AC%E6%B0%B8%E7%BA%8C-%E6%83%A1%E6%B3%95-%E5%85%AC%E6%8A%95-%E7%8D%A8%E8%A3%81%E8%80%85%E9%A2%A8%E5%85%89%E8%83%8C%E5%BE%8C/

王義桅（2015）：《「一帶一路」：機遇與挑戰》，北京：人民出版社。

北京大學（2016）：《「一帶一路」沿線國家五通指數報告》，北京：經濟日報出版社。

李宗憲（2019）：〈「一帶一路」論壇落幕：中國在債務危機的質疑中調

整戰略〉，《BBC News中文》2019年4月28日。https://www.bbc.com/zhongwen/trad/chinese-news-48082426

李興（2018）：《「一帶一路」與歐亞聯盟對接合作研究》，北京：紅旗出版社。

明報專訊（2018）：〈俄勁沽美債　3個月減持84%〉，《明報》2018年7月31日。https://www.mpfinance.com/fin/daily2.php?node=1532976208873&issue=20180731

林宸誼（2019）：〈俄國首次透過北極航線　向大陸運送礦物肥〉，《聯合報》2019年10月8日。https://udn.com/news/story/6809/4092114

科夫涅爾、王家豪（2018）：〈中國與歐亞經濟聯盟經貿合作協定：莫斯科的看法〉，《歐亞研究》2018年10月14日。http://greater-europe.org/archives/6013

香港貿易發展局（2016）：〈伊朗解縛：商機處處〉，《香港貿發局經貿研究》2016年8月9日。https://beltandroad.hktdc.com/tc/insights/iran-unbound-land-business-opportunity

香港貿易發展局（2018）：〈土耳其：重要的貿易、製造及投資樞紐〉，《香港貿發局經貿研究》2018年12月14日。https://beltandroad.hktdc.com/tc/insights/turkey-strategic-trade-manufacturing-investment-nexus

張弘（2017）：〈一帶一路：中國與烏克蘭合作的風險與應對〉，《和平與發展》第4期，頁110-122，https://chinesestudies.com.ua/sites/default/files/Archive/2017/1-2/9.pdf。

張佑生（2019）：〈串起歐洲、中國　俄準建2,000公里超級公路〉，《聯合報》2019年7月10日。https://udn.com/news/story/6809/3922020

許少媚（2018）：〈國際合作　化解核武危機〉，《星島日報》2018年1月10日。https://stedu.stheadline.com/sec/article/18208/%E5%9C%8B%E9%9A%9B%E5%90%88%E4%BD%9C-%E5%8C%96%E8%A7%A3%E6%A0%B8%E6%AD%A6%E5%8D%B1%E6%A9%9F

楊永明（2018）：《亞洲大崛起：新世紀地緣政治與經濟整合》，台北：捷徑文化。

趙致洋、羅金義（2020）：〈湄公河下游乾旱的地緣政治學：「天下圍中」？〉，《立場新聞》2020年6月8日。https://www.thestandnews.com/politics/%E6%B9%84%E5%85%AC%E6%B2%B3%E4%B8%8B%E6%B8%B8%E4%B9%BE%E6%97%B1%E7%9A%84%E5

9C%B0%E7%B7%A3%E6%94%BF%E6%B2%BB%E5%AD%B8-
%E5%A4%A9%E4%B8%8B%E5%9C%8D%E4%B8%AD/

英文部分

Allan, D. (2019, July 15). The Minsk agreements rest on incompatible views of sovereignty. Chatham House. Retrieved from https://www.chathamhouse. org/expert/comment/minsk-agreements-rest-incompatible-views-sovereignty#

Allison, R. (2008). Virtual regionalism, regional structures and regime security in Central Asia. *Central Asian Survey, 27*(2), 185-202. doi:10.1080/02634930802355121

Ambrosio, T. (2008). Catching the 'Shanghai Spirit': How the Shanghai Cooperation Organization Promotes Authoritarian Norms in Central Asia. *Europe-Asia Studies, 60*(8), 1321-1344. doi:10.1080/09668130802292143

Ampilov, Y. (2017, April 2). Perspektivy neftegazovoj otrasli Rossii (Prospects for the Russian oil and gas industry). Retrieved from https://www.promved. ru/articles/article.phtml?id=2997&nomer=102

ASEAN Secretariat. (2017). *ASEAN Economic Community Chartbook 2017.* Retrieved from https://www.aseanstats.org/wp-content/uploads/2018/01/ AEC_Chartbook_2017.pdf

Barber, L., Foy, H., & Barker, A. (2019, June 28). Vladimir Putin says liberalism has 'become obsolete'. *Financial Times* [London]. Retrieved from https:// www.ft.com/content/670039ec-98f3-11e9-9573-ee5cbb98ed36

Baunov, A. (2019, August 22). Why Macron gave Putin such a warm welcome in France. *Carnegie Moscow Center.* Retrieved from https://carnegie.ru/ commentary/79705

Bausheva, A. (2018). *Russia and Japan on Different Wavelengths in the Kuril Islands.* Retrieved from Center for Strategic and International Studies website: https:// csis-prod.s3.amazonaws.com/s3fs-public/180322_bausheva_kuril_islands. pdf?8gPabglN4DkvDEry8RUnxRQTZO_eDvG8

Biryukov, A.. (2020, March 9). Russia Primes $150 Billion Wealth Fund as Oil War Hits Ruble. *Bloomberg.* Retrieved from https://www.bloomberg.com/ news/articles/2020-03-09/russia-readies-ruble-support-as-currency-sinksin-offshore-trade

Bisenov, N. (2019, September 10). Kazakh president's upcoming Beijing trip stokes Sino-phobia. *Nikkei Asian Review*. Retrieved from https://asia.nikkei.com/ Politics/International-relations/Kazakh-president-s-upcoming-Beijing-trip-stokes-Sino-phobia

Bordachev, T. V. (2015). *New Eurasian Momentum*. Retrieved from Russia in Global Affairs website: https://eng.globalaffairs.ru/articles/new-eurasian-momentum/

Bordilovska, O., & Ugwu, V. (2019). Chinese-Ukrainian Cooperation under the framework of the Belt and Road Initiative. *Actual Problems of International Relations*, (138), 35-43. doi:10.17721/apmv.2018.138.0.35-43

Brandt, J., & Schafer, B. (2020, March 30). Five things to know about Beijing's disinformation approach. Retrieved from https://securingdemocracy.gmfus. org/five-things-to-know-about-beijings-disinformation-approach/?utm_ source=rss&utm_medium=rss&utm_campaign=five-things-to-know-about-beijings-disinformation-approach

Brzezinski, Z. (1998). *The Grand Chessboard: American Primacy And Its Geostrategic Imperatives*. New York, NY: Basic Books.

Caldioli, G. (2012). *Belarus-Russia Energy Disputes – political and economic comparative analysis*. Retrieved from Portal on Central Eastern and Balkan Europe website: http://www.pecob.net/flex/cm/pages/ServeAttachment. php/L/EN/D/4%252Ff%252Fd%252FD.3945ee2563c52557b221/P/ BLOB%3AID%3D3450/E/pdf

Carsten, C. Ø., Grønsedt, P., Graversen, C. L., & Hendriksen, C. (2016). *Arctic Shipping: Commercial Opportunities and Challenges*. Retrieved from CBS Maritime website: https://services-webdav.cbs.dk/doc/CBS.dk/Arctic%20 Shipping%20-%20Commercial%20Opportunities%20and%20Challenges. pdf

CEIC Data. (2020). Foreign exchange (FX) reserves | Economic indicators. Retrieved from https://www.ceicdata.com/datapage/en/indicator/foreign-exchange-reserves

Charap, S., Drennan, J., & Noël, P. (2017). Russia and China: A New Model of Great-Power Relations. *Survival*, *59*(1), 25-42. doi:10.1080/00396338.201 7.1282670

Conley, H. A., & Rohloff, C. (2015). *The new ice curtain: Russia's strategic reach to the Arctic*. Retrieved from Center for Strategic and International Studies website: https://csis-prod.s3.amazonaws.com/s3fs-public/legacy_files/files/publication/150826_Conley_NewIceCurtain_Web.pdf

Corum, J. S. (2018). A view from Northeastern Europe: The Baltic states and the Russian regime. *South Central Review*, *35*(1), 127-146. doi:10.1353/scr.2018.0007

Cwiek-Karpowicz, J. et al. (2015). *Sanctions and Russia*. Warsaw: The Polish Institute of International Affairs.

De Waal, T. (2019, June 21). Georgia's Perpetual Street of Protest. Retrieved from https://carnegie.ru/commentary/79359

Dittmer, L. (1981). The strategic triangle: An elementary game-theoretical analysis. *World Politics*, *33*(4), 485-515. doi:10.2307/2010133

Dmitrieva, V. (2018, December 13). Putin's Ratings in 2018, a Sign of Things to Come? An Interview With Alexei Levinson. *Moscow Times*. Retrieved from https://www.themoscowtimes.com/2018/12/13/putins-ratings-in-2018-a-sign-of-things-to-come-a63806

Dragneva, R., & Wolczuk, K. (2016). European Union Emulation in the Design of Integration. In *The Eurasian project and Europe: Regional discontinuities and geopolitics* (pp. 135-152). London: Palgrave Macmillan.

Dragoi, A., & Balgar, A. (2016). Economic Sanctions against Russia: A critical evaluation. *Knowledge Horizons – Economics*, 8(1), 63-67. Retrieved from http://orizonturi.ucdc.ro/arhiva/khe-vol8-nr1-2016/10.%20Dragoi%20Balgar.pdf

Dugin, A. (2014). *Eurasian Mission: An Introduction to Neo-Eurasianism*. Budapest: Arktos.

Ebrahimian, B. A., Desiderio, A., Stein, S., & Suebsaeng, A. (2018, July 26). Henry Kissinger Pushed Trump to Work With Russia to Box In China. Retrieved from https://www.thedailybeast.com/henry-kissinger-pushed-trump-to-work-with-russia-to-box-in-china

Enerdata. (2020). Energy intensity. Retrieved December 12, 2019, from https://yearbook.enerdata.net/total-energy/world-energy-intensity-gdp-data.html

Eurasianet. (2019, February 19). Tajikistan: Report confirms significant Chinese security presence in Pamirs. Retrieved from https://eurasianet.org/tajikistan-report-confirms-significant-chinese-security-presence-in-pamirs

Flake, L. E. (2014). Forecasting conflict in the Arctic: The historical context of Russia's security intentions. *The Journal of Slavic Military Studies, 28*(1), 72-98. doi:10.1080/13518046.2015.998122

Foy, H. (2018, November 11). Russian sanctions: why 'isolation is impossible'. *Financial Times*. Retrieved from https://www.ft.com/content/c51ecf88-e125-11e8-a6e5-792428919cee

Frolov, V. (2019, August 22). Russia rejoices over Trump's G7 readmission offer. *Moscow Times*. Retrieved from https://www.themoscowtimes.com/2019/08/22/russia-rejoices-over-trumps-g7-readmission-offer-a66981

Gabuev, A. (2016, June 29). Friends With Benefits? Russian-Chinese Relations After the Ukraine Crisis. *Carnegie Moscow Center*. Retrieved from https://carnegie.ru/2016/06/29/friends-with-benefits-russian-chinese-relations-after-ukrainecrisis-pub-63953

Gabuev, A. (2018, September 11). Russia is moving deeper into China's embrace. *Carnegie Moscow Center*. Retrieved from https://carnegie.ru/2018/09/11/russia-is-moving-deeper-into-china-s-embrace-pub-77296

Gabuev, A. (2019, April 24). Bad Cop, Mediator or Spoiler: Russia's Role on the Korean Peninsula. *Carnegie Moscow Center*. Retrieved from https://carnegie.ru/commentary/78976

Garibov, A. (2019). Russia Eyes Joining BTK Railway Across South Caucasus. *Eurasia Daily Monitor, 16*(72). Retrieved from https://jamestown.org/program/russia-eyes-joining-btk-railway-across-south-caucasus/

Global Firepower. (2020). Aircraft strength by country (2020). Retrieved from https://www.globalfirepower.com/aircraft-total.asp

Glod, V. (2017, April 26). 5% belorusov hotjat, chtoby strana stala sub"ektom Rossijskoj Federacii (5% of Belarusians want the country to become a subject of the Russian Federation). *Radio Free Europe/Radio Liberty*. Retrieved from https://www.svaboda.org/a/28453529.html

Goble, P. (2019, February 26). Can the Kremlin Finally Realize the North-South Transit Corridor? Retrieved from https://jamestown.org/program/can-the-kremlin-finally-realize-the-north-south-transit-corridor/

Golovchenko, Y., Hartmann, M., & Adler-Nissen, R. (2018). State, media and civil society in the information warfare over Ukraine: Citizen curators of digital disinformation. *International Affairs*, *94*(5), 975-994. doi:10.1093/ia/iiy148

Hurley, J., Morris, S., & Portelance, G. (2018). Examining the debt implications of the Belt and Road Initiative from a policy perspective. *Journal of Infrastructure, Policy and Development*, *3*(1), 139. doi:10.24294/jipd.v3i1.1123

Independent Institute of Socio-Economic and Political Studies (IISEPS). (2015, September 1). Do the people want Belarusian-Russian integration? Retrieved from http://www.iiseps.org/?p=3168&lang=en

International Agora. (2019, May 2). 662,842 faktov ogranichenija svobody interneta zaregistrirovano v Rossii v 2018 godu (662,842 cases of restricting Internet freedom were recorded in Russia in 2018). Retrieved from https://www.agora.legal/news/2019.02.05/Doklad-Agory-662-842-fakta-ogranicheniya-svobody-interneta-zafiksirovany/883

International Republican Institute (IRI). (2018). *Public Opinion Survey: Residents of Georgia*. Retrieved from Center for Insights in Survey Research website: http://www.iri.org/sites/default/files/2018-5-29_georgia_poll_presentation.pdf

Jaishankar, D. (2019). *Survey of India's Strategic Community* (IMPACT Series No. 032019-01). Retrieved from Brookings India website: https://www.brookings.edu/wp-content/uploads/2019/03/Survey-of-India%E2%80%99s-Strategic-Community.pdf

Kaczmarski, M. (2016). *Silk globalisation. China's vision of international order* (60). Retrieved from Centre for Eastern Studies website: https://www.osw.waw.pl/sites/default/files/pw_60_ang_silk_globalisation_net.pdf

Kaczmarski, M. (2017). Two Ways of Influence-building: The Eurasian Economic Union and the One Belt, One Road Initiative. *Europe-Asia Studies*, *69*(7), 1027-1046. doi:10.1080/09668136.2017.1373270

Karaganov, S. (2018). The New Cold War and the emerging greater Eurasia. Journal of Eurasian Studies, 9(2), 85-93. doi:10.1016/j.euras.2018.07.002

Kashin, V. (2012). Emerging from the Shadow. *Russia in Global Affairs*. Retrieved from https://eng.globalaffairs.ru/number/Emerging-from-the-Shadow-15586

Kashin, V. (2019, May 23). The West and Russian-Chinese Relations: Stages of Denial. *Valdai Club*. Retrieved from http://valdaiclub.com/a/highlights/the-west-and-russian-chinese-relations/

Kassenova, N. (2018). *More Politics than Substance: Three Years of Russian and Chinese Economic Cooperation in Central Asia*. Retrieved from Foreign Policy Research Institute website: https://www.fpri.org/article/2018/10/more-politics-than-substance-thee-years-of-russian-and-chinese-economic-cooperation-in-central-asia/

Kissinger, H. (1979). *The White House Years*. London: Weidenfeld and Nicolson.

Kissinger, H. (1995). *Diplomacy*. New York: Simon & Schuster.

Kokorin, A., & Korppoo, A. (2017). *Russia's Ostrich Approach to Climate Change and the Paris Agreement* (40). Retrieved from CEPS Policy Insight website: https://www.ceps.eu/wp-content/uploads/2017/11/PI%202017-40%20Russian%20Climate%20Policy%20Kokorin%20Korppoo_0.pdf

Konstantin, K. (2019, August 30). Giveaway game. Retrieved from https://russiancouncil.ru/analytics-and-comments/comments/igra-v-poddavki/?sphrase_id=31089082

Krickovic, A., & Weber, Y. (2016). To Harass and Wait Out. *Russia in Global Affairs*. Retrieved from https://eng.globalaffairs.ru/number/To-Harass-and-Wait-Out-18070

Kyiv International Institute of Sociology (KIIS). (2019, March 12). Attitude of the population of Ukraine toward Russia and of the population of Russia toward Ukraine, February. Retrieved from https://www.kiis.com.ua/?lang=eng&cat=reports&id=831&page=2

Kyle, J. (2019). Contextualizing Russia and the Baltic states. *Orbis, 63*(1), 104-115. doi:10.1016/j.orbis.2018.12.004

Lamoreaux, J. W. (2014). Acting small in a large state's world: Russia and the Baltic states. *European Security, 23*(4), 565-582. doi:10.1080/09662839.20 14.948862

Larin, A. G. (2016). Soprjazhenie EAJeS i novogo Shelkovogo puti: shansy i vyzovy dlja Rossii [Conjugation of the EAEU and the New Silk Road: Chances and Challenges for Russia]. In *The «New Silk Road» Project and its Significance for Russia* (pp. 100-119). Institute of Far Eastern Studies of the Russian Academy of Sciences.

Laruelle, M. (2012). *Russian Eurasianism: An ideology of empire*. Johns Hopkins University Press.

Levada Center. (2017, September 26). Syria. Retrieved from https://www.levada.

ru/en/2017/09/26/syria-3/

Levada Center. (2018a). Monitoring Ksenofobskih Nastroenij (Monitoring of xenophobic mood). Retrieved from https://www.levada.ru/2018/08/27/ monitoring-ksenofobskih-nastroenij/

Levada Center. (2018b). The Kuril Islands. Retrieved from https://www.levada. ru/en/2018/12/07/the-kuril-islands/

Levada Center. (2019a). Grazhdanskaja aktivnost (Civic Activity). Retrieved from https://www.levada.ru/2019/02/13/grazhdanskaya-aktivnost/

Levada Center. (2019b). Jemigracionnye nastroenija (Emigration mood). Retrieved from https://www.levada.ru/2019/02/04/emigratsionnye-nastroeniya-3/

Levada Center. (2020a). Constitutional amendments. Retrieved from https:// www.levada.ru/en/2020/05/28/constitutional-amendments-3/

Levada Center. (2020b). Putin's approval ratings. Retrieved from https://www. levada.ru/en/ratings/

Lipman, M., & Lokot, T. (2019). *Disconnecting the Russian Internet: Implications of the New "Digital Sovereignty" Bill.* Retrieved from PONARS Eurasia website: http://www.ponarseurasia.org/point-counter/article/disconnecting-russian-internet-implications-new-digital-sovereignty-bill

Lukin, A. (2015, July 10). Shanghai cooperation organization: Looking for a new role. Retrieved from https://eng.globalaffairs.ru/articles/shanghai-cooperation-organization-looking-for-a-new-role/

Lukin, A. (2018). Beyond Strategic Partnership? Managing Relations in an Insecure World. In *China and Russia: The new rapprochement* (pp. 172-193). Cambridge, UK: Polity Press.

Lukin, A., & Zakharova, L. (2018). Russia-North Korea Economic Ties: Is There More Than Meets the Eye? *Orbis, 62*(2), 244-261. doi:10.1016/j.orbis.2018.02.005

MacDonald, J. A., Donahue, A., Danyluk, B., & Hamilton, B. A. (2004). *Energy futures in Asia: Final report.*

Mackinder, H. J. (1904). The Geographical Pivot of History. *The Geographical Journal, 23*(4), 421. doi:10.2307/1775498

Makarov, I. A., Chen, H., & Paltsev, S. V. (2018). Posledstvija Parizhskogo klimaticheskogo soglashenija dlja jekonomiki Rossii (Impacts of Paris

Agreement on Russian economy). *Economic issue*, (4), 76—94. Retrieved from http://eic-ano.ru/publications/articles/_download/Makarov_et_al___ Voprosy_ekonomiki.pdf

Maçães, B. (2019, October 21). Putin Now Owns the Syrian Chaos. *Moscow Times*. Retrieved from https://www.themoscowtimes.com/2019/10/21/ putin-now-owns-the-syrian-chaos-a67818

McGee, R. (2020, May 8). Russia's Arctic development: Problems and priorities. Retrieved from https://geohistory.today/russia-arctic-development-power/

Mearsheimer, J. J. (2018). *Great Delusion: Liberal Dreams and International Realities*. New Haven, CT: Yale University Press.

Moscow Times. (2019, July 8). Russia Approves 'Shortest' Europe-China Highway – Reports. Retrieved from https://www.themoscowtimes.com/2019/07/08/ russia-approves-shortest-europe-china-highway-reports-a66318

Nikkei Asian Review. (2018, November 26). 46% of Japanese favor initial return of 2 islands. Retrieved from https://asia.nikkei.com/Politics/46-of-Japanese-favor-initial-return-of-2-islands-from-Russia

Nilsson, A. E. (2018). The United States and the making of an Arctic nation. *Polar Record*, *54*(2), 95-107. doi:10.1017/s0032247418000219

Nimmo, B. (2015). *Anatomy of an Info-War: How Russia's Propaganda Machine Works, And How to Counter It*. Retrieved from IES Policy Brief website: http://www.cepolicy.org/publications/anatomy-info-war-howrussias-propaganda-machine-works-and-how-counter-it

North Atlantic Treaty Organization. (2019). *Defence Expenditure of NATO Countries (2012-2019)*. Retrieved from https://www.nato.int/nato_static_fl2014/assets/ pdf/pdf_2019_06/20190625_PR2019-069-EN.pdf

Overland, I., & Vakulchuk, R. (2018, May 4). China's Belt and Road Gets a Central Asian Boost. *The Diplomat*. Retrieved from https://thediplomat.com/2018/05/ chinas-belt-and-road-gets-a-central-asian-boost/

Petrovsky, V. E., Larina, A. G., & Safronova, E. I. (2016). *Novyj Shelkovyj put' i ego znachenie dlja Rossii [The «New Silk Road» Project and its Significance for Russia]*. Moscow: Institute of Far Eastern Studies Russian Academy of Sciences.

Pew Research Center. (2019, December 6). Global views of Putin, Russia largely

參
考
文
獻

negative. Retrieved from https://www.pewresearch.org/global/2018/12/06/
image-of-putin-russia-suffers-internationally/

Peyrouse, S. (2007). *Economic Aspects of the Chinese–Central Asia Rapprochement.*
Retrieved from Central Asia-Caucasus Institute & Silk Road Studies Program
website: https://isdp.eu/content/uploads/publications/2007_peyrouse_economic-
aspects-of-the-chinese-central-asia-rapprochement.pdf

Pieper, M. (2018). Mapping Eurasia: Contrasting the Public Diplomacies of Russia's
'Greater Eurasia' and China's 'Belt and Road' Initiative. *Public Diplomacy
of Rising and Regional Powers*, *3*(3), 217-237. Retrieved from https://
risingpowersproject.com/wp-content/uploads/2019/01/vol3.3-pieper.pdf

Polyakova, A., & Meserole, C. (2019). *Exporting digital authoritarianism: The
Russian and Chinese models.* Retrieved from Brookings Institution website:
https://www.brookings.edu/wp-content/uploads/2019/08/FP_20190827_
digital_authoritarianism_polyakova_meserole.pdf

Radeke, J., & Chervyakov, D. (2018). *Belt and Road Initiative (BRI) in Belarus
- assessment from an economic perspective.* Retrieved from German
Economic Team Belarus website: https://www.get-belarus.de/wordpress/
wp-content/uploads/2018/10/PB_06_2018_en.pdf

Rahimov, R. (2017). North–South Transport Corridor: Russia Wins, Armenia
Loses. *Eurasia Daily Monitor*, *14*(145). Retrieved from https://jamestown.
org/program/north-south-transport-corridor-russia-wins-armenia-loses/

RailFreight. (2019, November 4). From China to Iran via Kyrgyzstan: Is the faster rail
link real? Retrieved from https://www.railfreight.com/beltandroad/2019/11/04/
from-china-to-iran-via-kyrgyzstan-is-faster-rail-link-real/

Railway Technology. (2020, February 5). Russian Revolution: Is the Moscow-
Kazan high-speed rail project on track? Retrieved from https://www.railway-
technology.com/features/moscow-kazan-high-speed-rail/

Rietjens, S. (2019). Unraveling disinformation: The case of Malaysia Airlines
flight MH17. *The International Journal of Intelligence, Security, and Public
Affairs*, *21*(3), 195-218. doi:10.1080/23800992.2019.1695666

Roberts, H. (2019, April 8). The China-Kyrgyzstan-Uzbekistan railway project:
How much does Kyrgyzstan stand to benefit? Retrieved from https://cabar.
asia/en/the-china-kyrgyzstan-uzbekistan-railway-project-how-much-does-

kyrgyzstan-stand-to-benefit/

Rozman, G. (2014, October 29). Asia for the Asians: Why Chinese-Russian friendship is here to stay. *Foreign Affairs*.

Rumer, E. (2019, October 31). Russia in the Middle East: Jack of all trades, master of none. *Carnegie Endowment for International Peace*. Retrieved from https://carnegieendowment.org/files/WP-Rumer-MiddleEast.pdf

Russian Public Opinion Research Center (VTsIOM). (2015, August 10). Kak nam otregulirovat' Runet? (How do we adjust the Runet?). Retrieved from https://wciom.ru/index.php?id=236&uid=115344

Russian Public Opinion Research Center (VTsIOM). (2017, July 24). Klimaticheskie kolebanija: teplo li, holodno li..? (Climatic fluctuations: is it warm, is it cold ..?). Retrieved from https://wciom.ru/index.php?id=236&uid=116325

Russian Public Opinion Research Center (VTsIOM). (2019, April 4). Ukrainian Presidential Elections: Results of the First Round. Retrieved from https://wciom.com/index.php?id=61&uid=1650

Russian Public Opinion Research Center (VTsIOM). (2019, September 30). Inostrannyj jazyk: perspektivnaja investicija? (Foreign language: a promising investment?). Retrieved from https://wciom.ru/index.php?id=236&uid=9924

Russia Today. (2020, May 13). Russian Arctic Sea route shipping exceeds 10 million tons in Q1. Retrieved from https://www.rt.com/business/488519-northern-sea-route-freight/

Rzayev, A. (2019). *Towards Greater Connectivity: The South Caucasus as a Railway Hub between the EU and China*. Retrieved from UNU Institute on Comparative Regional Integration Studies website: http://cris.unu.edu/sites/cris.unu.edu/files/PB-2019-1_0.pdf

Rüland, J., Hänggi, H., & Roloff, R. (2006). *Interregionalism and international relations: A Stepping Stone to Global Governance?* London: Routledge.

Sakwa, R. (2013). *Power and policy in Putin's Russia*. London: Routledge.

Sangar, K. (2017). Russia and China in the age of grand Eurasian projects: Prospects for integration between the Silk Road Economic Belt and the Eurasian Economic Union. *Cambridge Journal of Eurasian Studies, 1*, 1-15. doi:10.22261/ydg5kf

Sasse, G., & Lackner, A. (2019). *Attitudes and identities across the Donbas front line: What has changed from 2016 to 2019?* (3) Retrieved from Centre for

East European and International Studies website: https://www.zois-berlin. de/fileadmin/media/Dateien/ZOiS_Reports/ZOiS_Report_3_2019.pdf

Shakleina, T. (2016). A Russian Perspective on Twenty-First-Century Challenges. *Challenge and Change*, 35-70. doi:10.1057/978-1-137-48479-6_3

Shlapak, D. A., & Johnson, M. W. (2016). *Reinforcing Deterrence on NATO's Eastern Flank: Wargaming the Defense of the Baltics*. Retrieved from RAND Corporation website: https://www.rand.org/content/dam/rand/pubs/ research_reports/RR1200/RR1253/RAND_RR1253.pdf

Shreibman, A. (2018, December 20). Money or sovereignty. What will end the oil dispute in Moscow and Minsk. *Carnegie Moscow Center*. Retrieved from https://carnegie.ru/commentary/77999

Silver, L., Devlin, K., & Huang, C. (2019, December 9). How people around the world view China. Retrieved from https://www.pewresearch.org/global/2019/12/05/ attitudes-toward-china-2019/

Skorkin, K. (2019, October 2). Ukraine's president can't avoid showdown with his oligarch backer. *Carnegie Moscow Center*. Retrieved from https:// carnegie.ru/commentary/79972

Skorkin, K. (2019, November 12). Ukraine's new economic policy juggles populism with libertarianism. *Carnegie Moscow Center.*Retrieved from https://carnegie. ru/commentary/80315

Spivak, V. (2019, October 25). Russia and China in Africa: Allies or rivals? *Carnegie Moscow Center*. Retrieved from https://carnegie.ru/commentary/80181

Stockholm International Peace Research Institute (SIPRI). (2020). *Military expenditure by country, in constant (2018) US$ m., 1988-2019*. Retrieved from https://www. sipri.org/sites/default/files/Data%20for%20all%20countries%20from%20 1988%E2%80%932019%20in%20constant%20%282018%29%20USD.pdf

Stronski, P. (2019, October 16). Late to the party: Russia's return to Africa. *Carnegie Endowment for International Peace*. Retrieved from https://carnegieendowment. org/files/WP_Paul_Stronski_-_Russia-Africa-v31.pdf

Surkov, V. (2019, November 2). Vladislav Surkov: Putin's long state. *Independent newspaper*. Retrieved from https://www.ng.ru/ideas/2019-02-11/5_7503_ surkov.html

Thornton, L., & Turmanidze, K. (2019). *Public Attitudes in Georgia: Results of*

April 2019 survey. Retrieved from The Caucasus Research Resource Centers website: https://www.ndi.org/sites/default/files/NDI%20Georgia_April_2019_ Public_Political%20Poll_Eng_Final.pdf

Timofeev, I., Lissovolik, Y., & Filippova, L. (2017). Russia's Vision of the Belt and Road Initiative: From the Rivalry of the Great Powers to Forging a New Cooperation Model in Eurasia. *China & World Economy, 25*(5), 62-77. doi:10.1111/cwe.12214

Toloraya, G. (2008). The Six Party Talks: A Russian Perspective. *Asian Perspective, 32*(4), 45-69. Retrieved from https://www.jstor.org/ stable/42704653?seq=1#metadata_info_tab_contents

Trenin, D. (2018, July 12). Détente Revisited in Helsinki. *Carnegie Moscow Center*. Retrieved from https://carnegie.ru/commentary/76815

Trenin, D. (2018, December 28). Containing the Kerch crisis. *Carnegie Moscow Center*. Retrieved from https://carnegie.ru/commentary/77813

Trenin, D. (2018, October 24). Back to pershings: What the U.S. withdrawal from the 1987 INF treaty means. *Carnegie Moscow Center*. Retrieved from https://carnegie.ru/commentary/77568

Trickett, N., & Shagina, M. (2018). Russia's energy sector: Evaluating progress on import substitution and technological sovereignty. A GRI Special Report. Retrieved from https://44s2n02i19u61od84f3rzjqx-wpengine.netdna-ssl. com/wp-content/uploads/2018/04/GRI-Russian-Energy-Sector-Import-Substitution.pdf

Tweed, D. (2018). China says U.S. should 'think twice' about leaving missile pact. *Bloomberg*. Retrieved from https://www.bloomberg.com/news/ articles/2018-10-22/china-says-u-s-should-think-twice-about-leaving-missile-pact

Ukrainets, L. (2019). Chinese FDI to Ukraine in the context of road and belt initiative. *Eastern European Journal for Regional Studies, 5*(1), 62-77. Retrieved from https://csei.ase.md/journal/files/issue_51/EEJRS_5.1_p062-077_UKR.pdf

UNCTAD (2019). UNCTAD FDI estimates by ultimate investor, share in inward FDI stock, 2017. Retrieved from https://unctad.org/Sections/dite_dir/docs/ WIR2019/WIR19_tab22.xlsx

Valdai Club. (2015). *Toward the Great Ocean – 3: Creating Central Eurasia*. Retrieved from Valdai Discussion Club Analytical report website: http://valdaiclub.com/files/17658/

Valiyev, A. (2019). *Azerbaijan Through the Prism of BRI: China's Mounting Interests and Influence in the Region* (621). Retrieved from PONARS Eurasia Policy Memo website: http://www.ponarseurasia.org/memo/azerbaijan-through-prism-bri-chinas-mounting-interests-and-influence-region

Vinokurov, V. (2017). *Eurasian Economic Integration – 2017* (43). Retrieved from Eurasian Development Bank website: https://eabr.org/upload/iblock/470/EDB-Centre_2017_Report-43_EEI_ENG.pdf

Wezeman, P. D., Fleurant, A., Kuimova, A., Nan, T., & Wezeman, S. T. (2019). *Trends in International Arms Transfers 2018*. Retrieved from Stockholm International Peace Research Institute (SIPRI) website: https://www.sipri.org/sites/default/files/2019-03/fs_1903_at_2018.pdf

Wilson, J. L. (2019). *An Emerging China-Russia Axis? Implications for the United States in an Era of Strategic Competition*. Retrieved from U.S.-China Economic and Security Review Commission website: https://www.uscc.gov/sites/default/files/Wilson_Testimony.pdf

Wong, K. (2018, May 31). A Comparative Study of the Greater Eurasian Partnership: The Chinese and Russian Perspectives. Retrieved from https://russiancouncil.ru/en/blogs/frankywongk/a-comparative-study-of-the-greater-eurasian-partnership-the-chinese-an/

Woolf, A. F. (2016). *Russian Compliance with the Intermediate Range Nuclear Forces (INF) Treaty*. Retrieved from Congressional Research Service website: https://fas.org/sgp/crs/nuke/R43832.pdf

World Bank. (2016). *Russian Federation - Systematic country diagnostic: pathways to inclusive growth*. Retrieved from World Bank Group website: http://documents.worldbank.org/curated/en/477441484190095052/pdf/FINAL-Russia-SCD-Dec-22-ENG-12222016.pdf

World Bank. (2018). LPI Global rankings 2018. Retrieved from https://lpi.worldbank.org/international/global

World Bank. (2019). Modest growth ahead for Russia, but opportunities to boost formal employment, says World Bank. Retrieved from https://www.worldbank.

org/en/news/press-release/2019/06/10/rer-41

World Bank. (2020a). GDP (current US$). Retrieved from https://data.worldbank.
org/indicator/NY.GDP.MKTP.CD?locations=RU-BY-AM-KZ-KG

World Bank. (2020b). Labor force, total. Retrieved from https://data.worldbank.
org/indicator/SL.TLF.TOTL.IN?locations=RU-CN

World Bank. (2020c). Exports of goods and services (current LCU). Retrieved from
https://data.worldbank.org/indicator/NY.GDP.MKTP.CD?locations=RU-CN

World Bank. (2020d). Personal remittances, received (% of GDP). Retrieved from https://
data.worldbank.org/indicator/BX.TRF.PWKR.DT.GD.ZS?locations=KG-TJ

Zadorin, I., Karpov, I., Kunakhov, A., Kuznetsov, R., Rykov, A., Shubina, L., &
Pereboev, V. (2017). *EDB Integration Barometer – 2017* (46). Retrieved from
Eurasian Development Bank website: https://eabr.org/upload/iblock/3ef/EDB-
Centre_2017_Report-46_EDB-Integration-Barometer_ENG_2.pdf

Zhou, T., & Zhou, Y. (2018). *A proactive and steady approach for the building
of the China-Belarus Industrial Park.* Retrieved from China Centre for
International Knowledge on Development website: https://www.ebrd.com/
documents/oce/belarus-industrial-park.pdf

Zuenko, I. (2018, March 28). The Yuan's Russian Vacation: Why Chinese Tourism
Barely Benefits Russia's Budget. *Carnegie Moscow Center.* Retrieved from
https://carnegie.ru/commentary/75921

新‧座標36　PF0290

新銳文創
INDEPENDENT & UNIQUE

絲綢之路經濟帶，
歐亞融合與俄羅斯復興

作　者	王家豪、羅金義
責任編輯	尹懷君
圖文排版	楊家齊
封面設計	劉肇昇

出版策劃	新銳文創
發 行 人	宋政坤
法律顧問	毛國樑　律師
製作發行	秀威資訊科技股份有限公司
	114 台北市內湖區瑞光路76巷65號1樓
	電話：+886-2-2796-3638　傳真：+886-2-2796-1377
	服務信箱：service@showwe.com.tw
	http://www.showwe.com.tw
郵政劃撥	19563868　戶名：秀威資訊科技股份有限公司
展售門市	國家書店【松江門市】
	104 台北市中山區松江路209號1樓
	電話：+886-2-2518-0207　傳真：+886-2-2518-0778
網路訂購	秀威網路書店：https://store.showwe.tw
	國家網路書店：https://www.govbooks.com.tw

出版日期	2021年1月　BOD一版
定　價	280元

國家圖書館出版品預行編目

絲綢之路經濟帶，歐亞融合與俄羅斯復興 / 王家
豪, 羅金義著. -- 一版. -- 臺北市：新鋭文
創, 2021.01
　　面；　公分. -- (新.座標；36)
BOD版
ISBN 978-986-5540-29-6(平裝)

1.區域經濟 2.經濟合作 3.中俄關係

553.16　　　　　　　　　　　　　109020113

讀 者 回 函 卡

感謝您購買本書，為提升服務品質，請填妥以下資料，將讀者回函卡直接寄回或傳真本公司，收到您的寶貴意見後，我們會收藏記錄及檢討，謝謝！如您需要了解本公司最新出版書目、購書優惠或企劃活動，歡迎您上網查詢或下載相關資料：http:// www.showwe.com.tw

您購買的書名：＿＿＿＿＿＿＿＿＿＿＿＿＿＿＿＿＿＿＿＿＿＿＿

出生日期：＿＿＿＿＿年＿＿＿＿＿月＿＿＿＿＿日

學歷：□高中 (含) 以下　　□大專　　□研究所 (含) 以上

職業：□製造業　□金融業　□資訊業　□軍警　□傳播業　□自由業
　　　□服務業　□公務員　□教職　　□學生　□家管　　□其它＿＿＿＿

購書地點：□網路書店　□實體書店　□書展　□郵購　□贈閱　□其他

您從何得知本書的消息？

　□網路書店　□實體書店　□網路搜尋　□電子報　□書訊　□雜誌

　□傳播媒體　□親友推薦　□網站推薦　□部落格　□其他＿＿＿＿＿＿＿

您對本書的評價：(請填代號　1.非常滿意　2.滿意　3.尚可　4.再改進)

　封面設計＿＿＿　版面編排＿＿＿　內容＿＿＿　文／譯筆＿＿＿　價格＿＿＿

讀完書後您覺得：

　□很有收穫　□有收穫　□收穫不多　□沒收穫

對我們的建議：＿＿＿＿＿＿＿＿＿＿＿＿＿＿＿＿＿＿＿＿＿＿＿

＿＿＿＿＿＿＿＿＿＿＿＿＿＿＿＿＿＿＿＿＿＿＿＿＿＿＿＿＿＿＿＿

＿＿＿＿＿＿＿＿＿＿＿＿＿＿＿＿＿＿＿＿＿＿＿＿＿＿＿＿＿＿＿＿

＿＿＿＿＿＿＿＿＿＿＿＿＿＿＿＿＿＿＿＿＿＿＿＿＿＿＿＿＿＿＿＿

11466
台北市內湖區瑞光路 76 巷 65 號 1 樓
秀威資訊科技股份有限公司　　　收
BOD 數位出版事業部

....

（請沿線對折寄回，謝謝！）

姓　　名：_____　年齡：_____　性別：□女　□男

郵遞區號：□□□□□

地　　址：_____

聯絡電話：(日)_____ (夜)_____

E-mail：_____